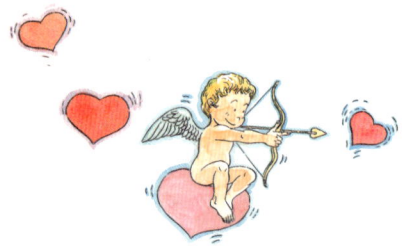

지도 없이 떠나는 101일간의 색다른 역사

Around the World in 101 Days : A Children's Guide to the History of Color

1판 1쇄 | 2005년 11월 21일
1판 10쇄 | 2014년 3월 10일

글 | 박영수
그림 | 노기동

펴낸이 | 박현진
펴낸곳 | (주)풀과바람
주소 | 경기도 파주시 광인사길 71, 파주출판도시(문발동)
전화 | (031) 955-1515~6
팩스 | (031) 955-1517

출판등록 | 2000년 4월 24일 제20-328호
홈페이지 | www.grassandwind.com
이메일 | grassandwind@hanmail.net

ⓒ 글 박영수, 그림 노기동, 2005

이책의 출판권은 (주)풀과바람에 있습니다.
저작권법에 의해 보호를 받은 저작물이므로 무단 전재와 복제를 금합니다.

값 | 9,000원
ISBN 89-8389-371-0 73900

지도 없이 떠나는 101일간의 색다른 구석자

머리말

색깔에 대하여

'파랑은 진실, 빨강은 질투, 초록은 체념, 자주는 철면피, 하양은 사랑 혹은 죽음.'
영국인이 색에 대해 어떤 감정을 가지고 있는지 일러 주는 영국 속담입니다.
색은 이처럼 사람들에게 다양한 느낌을 주고 고유한 상징을 갖고 있습니다.
이를테면 많은 문화권에서 빨강은 정열을 상징하고, 웨딩드레스는 흰색으로 연상됩니다.
색깔은 이외에도 역사 · 문화 · 심리 · 과학 등에도 크게 반영되어 그 사연을 찾아보면 참으로 다양한 분야에 색채의 상징이 있음을 알게 됩니다.
그것은 색의 광맥을 캐면 캘수록 더욱 강하게 느낄 수 있으며, 세계적 공통 분모와 함께 각각의 분야별로 특성을 발견하게 됩니다.

대부분의 나라에서 황금색이 널리 사랑받는 것은 '색채 공통 문화'의 대표적 예이고, 이슬람 문화권에서 행운의 색으로 대접받는 초록색이 서양에서 이상한 색으로 여겨지는 것은 '색채 차이 문화'의 한 예라고 할 수 있습니다.

그런가 하면 같은 색깔이라도 나라에 따라 다른 뜻으로 통하는 경우도 적지 않으며, 사람마다 좋아하는 색 또한 다릅니다.

이는 색채가 단순히 그냥 존재하는 게 아니라 환경에 따라 인간 심리에 다르게 작용하고 있음을 일러 주는 것이기도 합니다.

그럼에도 불구하고 많은 사람들이 색채에 대해 막연한 느낌으로 대하고 있습니다. 색채는 겉으로 풍기는 분위기 이외에 또다른 말을 하고 있는 데도 말입니다.

이런 사람들은 같은 빨강이라도 보통은 정열을 의미하지만, 때로는 질투를 뜻하는 것처럼 한 가지 색에도 다양한 의미가 담겨 있다는 것을 모릅니다.

만약 색채에 얽힌 사연이나 의미를 알게 된다면 사물을 바라보는 데 큰 도움이 될 것이며, 역사와 문화 또는 관습을 이해하는 능력도 커질 것입니다. 또한 색채의 특성을 알면 누군가에게 효과적으로 신호를 보낼 수 있고 자기 개성을 적절히 표현할 수도 있을 것입니다. 색채의 세계를 알아야 하는 이유들입니다. 아무쪼록 이 책을 읽는 여러분에게 즐겁고 유익한 도움이 되기를 바랍니다.

지은이 **호기심박스**

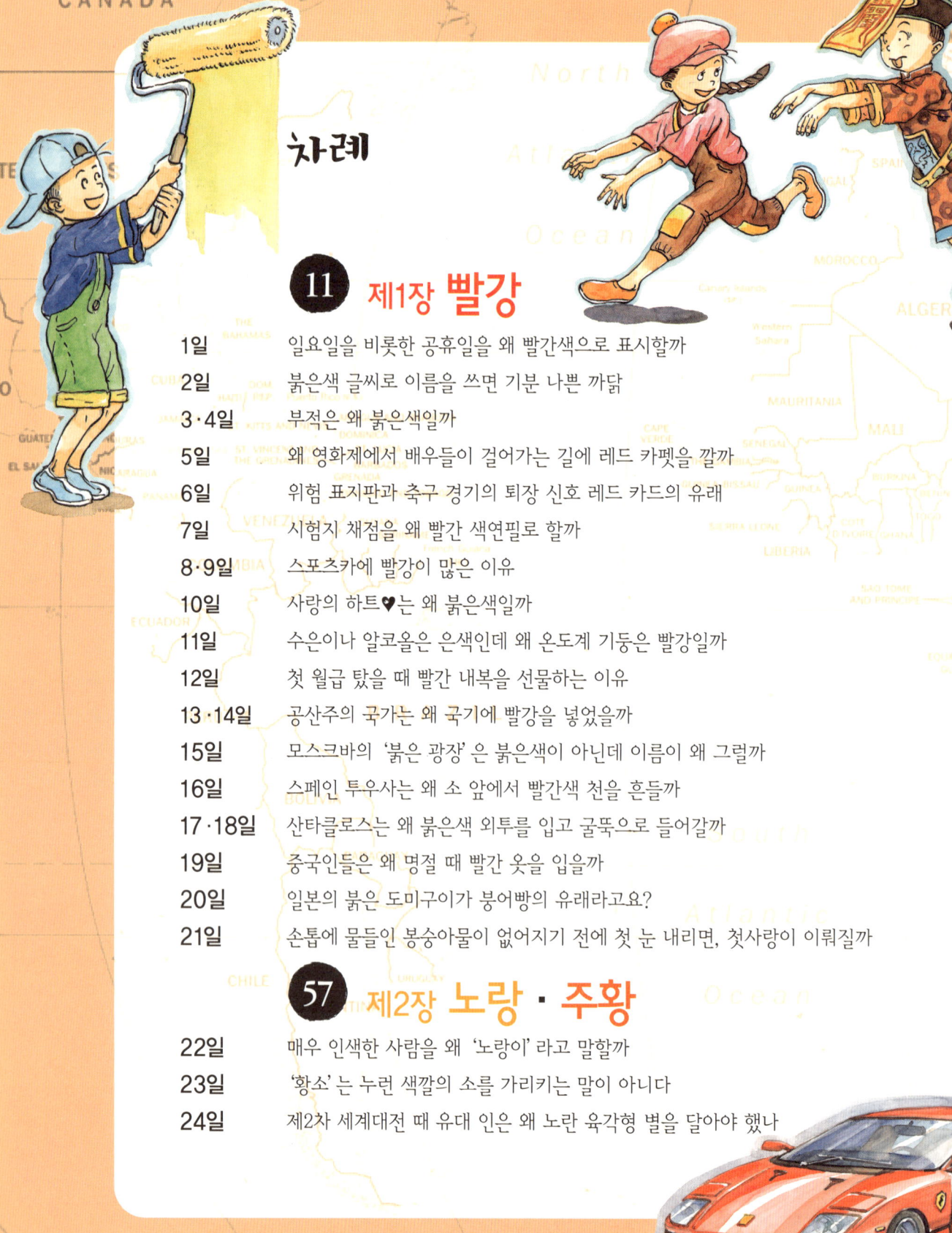

차례

⓫ 제1장 빨강

- 1일 　일요일을 비롯한 공휴일을 왜 빨간색으로 표시할까
- 2일 　붉은색 글씨로 이름을 쓰면 기분 나쁜 까닭
- 3·4일 부적은 왜 붉은색일까
- 5일 　왜 영화제에서 배우들이 걸어가는 길에 레드 카펫을 깔까
- 6일 　위험 표지판과 축구 경기의 퇴장 신호 레드 카드의 유래
- 7일 　시험지 채점을 왜 빨간 색연필로 할까
- 8·9일 스포츠카에 빨강이 많은 이유
- 10일 　사랑의 하트♥는 왜 붉은색일까
- 11일 　수은이나 알코올은 은색인데 왜 온도계 기둥은 빨강일까
- 12일 　첫 월급 탔을 때 빨간 내복을 선물하는 이유
- 13·14일 공산주의 국가는 왜 국기에 빨강을 넣었을까
- 15일 　모스크바의 '붉은 광장'은 붉은색이 아닌데 이름이 왜 그럴까
- 16일 　스페인 투우사는 왜 소 앞에서 빨간색 천을 흔들까
- 17·18일 산타클로스는 왜 붉은색 외투를 입고 굴뚝으로 들어갈까
- 19일 　중국인들은 왜 명절 때 빨간 옷을 입을까
- 20일 　일본의 붉은 도미구이가 붕어빵의 유래라고요?
- 21일 　손톱에 물들인 봉숭아물이 없어지기 전에 첫 눈 내리면, 첫사랑이 이뤄질까

㊼ 제2장 노랑·주황

- 22일 　매우 인색한 사람을 왜 '노랑이'라고 말할까
- 23일 　'황소'는 누런 색깔의 소를 가리키는 말이 아니다
- 24일 　제2차 세계대전 때 유대 인은 왜 노란 육각형 별을 달아야 했나

25일	왜 중국에서 노란색이 황제의 색으로 여겨질까
26·27일	고흐는 왜 그렇게 그림에 노란색을 많이 썼을까
28일	전화번호부는 표지색이 파란데, 왜 '옐로 북'이라고 불릴까
29일	노란 리본이 기다림과 환영을 상징하게 된 사연
30일	왜 스쿨 버스는 모두 노란색일까
31일	왜 형광펜에 노란색이 가장 많고, 글자와 겹쳐도 잘 보일까
32일	흰 우유로 만든 버터는 왜 노란색일까
33·34일	네덜란드 축구팀 별명이 왜 '오렌지 군단'일까
35일	티베트 불교의 달라이라마는 왜 주황색 옷을 입고 있을까

● 87 제3장 연두 · 초록 · 청록

36일	왜 외과의사는 수술할 때 초록 가운을 입을까
37일	이슬람 문화권 국기에는 왜 초록색이 많을까
38일	북극에 있는 세계 최대 섬 그린란드는 정말 초록 땅일까
39일	지폐에는 왜 초록이 많을까
40일	왜 중국인들은 초록 두건을 부끄럽게 여겼을까
41·42일	나무가 좋아하는 색은 초록이 아니다
43일	조선 시대 처녀들이 초록 옷을 입은 까닭
44일	피터 팬은 왜 초록 옷을 입고 있을까
45일	공상과학영화 속의 외계인이나 괴물은 왜 초록빛 몸일까
46일	왜 동양 여성들은 초록 옥(玉)을 귀하게 여겼을까
47일	고려 시대 사람들은 왜 푸른 청자를 만들었을까

● 113 제4장 파랑 · 남색

48일	조선 시대 사람들은 왜 파란색 옷을 싫어했을까
49일	성모마리아는 왜 파란 망토를 두르고 있을까
50·51일	왜 옷 중에서 유독 청바지가 남녀 모두에게 인기 있을까

52일	영국 최고 명예인 가터 훈장은 왜 남색일까
53일	서양에서 우울한 음악을 왜 블루스라고 할까
54·55일	왜 음식에서 파란색을 보기 힘들까
56·57일	모기와 물고기는 왜 파란색을 좋아할까
58일	물고기의 등은 왜 짙푸른 파랑일까

139 제5장 보라·자주

59·60일	마법사 모자는 왜 삼각형이고 보라색일까
61일	고대 성직자는 왜 보라색 옷을 입었을까
62·63일	클레오파트라는 왜 보라색 옷을 입고 안토니우스를 마중 나갔을까
64일	자주색이 서양에서 고난을 상징하는 이유
65일	로마 황제는 왜 보랏빛 자주색 옷을 입었을까

155 제6장 하양

66일	웨딩드레스는 왜 흰색일까
67일	항복할 때 왜 흰색 깃발을 흔들까
68·69일	흰 동물을 왜 상서롭게 여길까
70일	그리스 신전이 온통 흰색인 까닭
71일	사무직으로 일하는 사람을 왜 '화이트 칼라'라고 부를까
72·73일	심봉사는 무슨 뜻이고, 장님은 왜 흰 지팡이를 갖고 다닐까
74일	로마 교황 선거 결과를 흰색 연기로 알리는 이유

175 제7장 검정

75일	위기에 나타나 도와 주는 '흑기사'의 유래
76일	조직폭력배들은 왜 검정 옷을 입고 다닐까
77일	'요주의 명단'을 의미하는 '블랙리스트'의 유래
78일	블랙 박스는 마술사의 검은 상자에서 유래

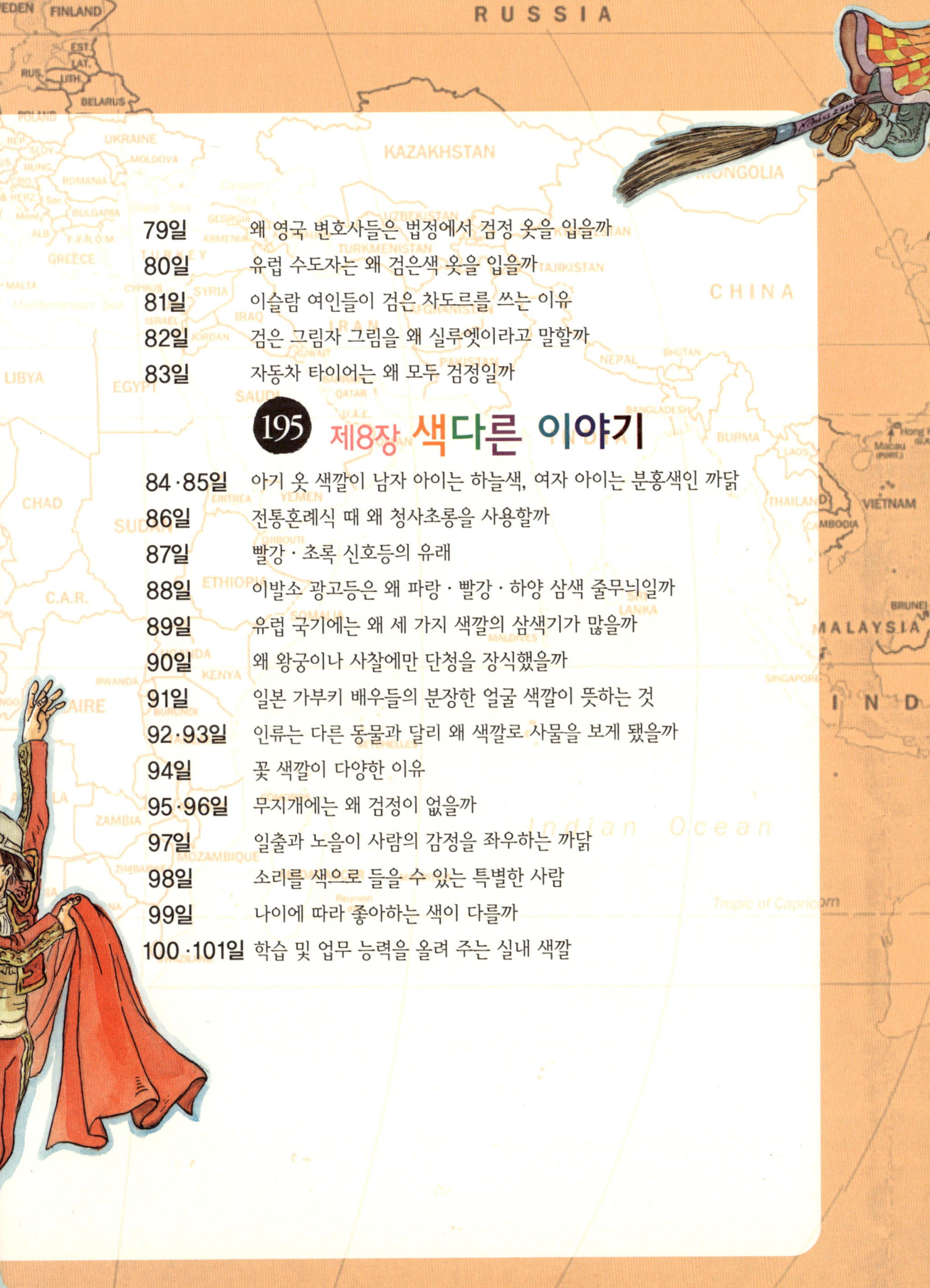

79일	왜 영국 변호사들은 법정에서 검정 옷을 입을까
80일	유럽 수도자는 왜 검은색 옷을 입을까
81일	이슬람 여인들이 검은 차도르를 쓰는 이유
82일	검은 그림자 그림을 왜 실루엣이라고 말할까
83일	자동차 타이어는 왜 모두 검정일까

195 제8장 색다른 이야기

84·85일	아기 옷 색깔이 남자 아이는 하늘색, 여자 아이는 분홍색인 까닭
86일	전통혼례식 때 왜 청사초롱을 사용할까
87일	빨강·초록 신호등의 유래
88일	이발소 광고등은 왜 파랑·빨강·하양 삼색 줄무늬일까
89일	유럽 국기에는 왜 세 가지 색깔의 삼색기가 많을까
90일	왜 왕궁이나 사찰에만 단청을 장식했을까
91일	일본 가부키 배우들의 분장한 얼굴 색깔이 뜻하는 것
92·93일	인류는 다른 동물과 달리 왜 색깔로 사물을 보게 됐을까
94일	꽃 색깔이 다양한 이유
95·96일	무지개에는 왜 검정이 없을까
97일	일출과 노을이 사람의 감정을 좌우하는 까닭
98일	소리를 색으로 들을 수 있는 특별한 사람
99일	나이에 따라 좋아하는 색이 다를까
100·101일	학습 및 업무 능력을 올려 주는 실내 색깔

제 1장

빨강

빨강 1일째

일요일을 비롯한 공휴일을 왜 빨간색으로 표시할까

"**엄마**, 다른 요일은 검은색인데 왜 일요일만 빨간색으로 되어 있나요?"

"글쎄다……."

누구나 한 번쯤 달력을 보면서 이와 같은 의문을 품었을 것입니다.
정말 왜 그럴까요?

생활에서 사용할 수 있는 실용적 달력은 고대 이집트 인들이 처음 만들었습니다.

이집트 인들은 1년을 365일로 나눈 달력을 공식화했는데 이는 해마다 일어나는 나일 강의 범람에 대비하기 위한 것이었습니다.

강물이 언제 넘치는지 제대로 알면 재난을 피할 수 있고, 또 홍수로 인해 생긴 기름진 땅에 씨를 뿌리고 농사지을 수

있었기 때문입니다.

이집트 인들은 달력의 각 날짜에 열쇠나 숟가락을 그려서 좋고 나쁨을 점치기도 했습니다. 열쇠 그림이 그려진 날은 무엇을 해도 좋은 날로 통했으며, 숟가락 그림이 있는 날은 불길한 날로 여겨 결혼이나 여행 등을 하지 않았습니다. 기원전 46년 로마의 율리우스 카이사르가 이집트력을 고쳐서 율리우스력을 제정하였고, 이 때 4년마다 하루를 추가한 윤년(閏年)을 만들어서 지금과 같은 형태의 달력이 널리 퍼졌습니다.

이후 달력은 주로 농사나 여행에 참고하기 위한 용도로 쓰였으나, 크리스트 교가 유럽을 휩쓴 중세에 들어서부터는 신앙심을 북돋우기 위한 목적이 더 강해졌습니다. 이에 따라 달력을 인쇄할 때 종교 행사일을 절대 잊지 않게끔 평일은 검은색인 반면, 종교와 관계 있는 날은 빨간색으로 특별히 구분했습니다.

빨간색은 인류를 위해 희생한 예수 그리스도의 피를 상징하는 데다 시각적으로 눈에 잘 띄기 때문이었습니다.

또한 서양에서 일요일은 '주일'이라 하여 일을 하지 않고 쉬는 날이므로, 일요일은 물론 다른 공휴일도 빨간색으로 표시하게 됐습니다.

영어로 '레드 레터 데이(red-letter day)'가 '기념일', '중요한 날'을 뜻하는 이유도 여기에 있습니다.

빨강 2일째

붉은색 글씨로 이름을 쓰면 기분 나쁜 까닭

"나는 어쩐지 붉은색으로 내 이름을 쓰는 게 꺼림칙해."
"어, 너도 그러니? 나도 그런데."
우리 나라의 많은 사람들이 붉은색으로 자기 이름을 쓰는 것을 꺼립니다. 어떤 이는 누군가로부터 '붉은색으로 이름을 쓰면 그 사람에게 나쁜 일이 생긴다.'는 말을 들어서 쓰지 않고, 또 어떤 사람은 그냥 이유 없이 그렇게 하는 것을 싫어합니다. 왜 그럴까요?
이에 관해 중국에서 건너온 이야기가 있으니, 진나라의 시황제가 여러 나라로 흩어져 있던 중국을 처음 통일한 후 만든 독특한 규칙에서 유래됐다고 합니다. 시황제는 황제의 권위를 과시하기 위해 '짐'이라는 말을 황제만이 쓸 수 있게 정하는가 하면, 빨강을 황제의 색으로 정하여 자기 외에는 누구도 사용하지 못하게 했습니다.

빨강은 태양을 상징하고, 자기 역시 태양과 같은 존재임을 과시하기 위한 것이었습니다. 사소해 보이는 법이었지만 당시 사람들은 그걸 지키기 위해 무척이나 조심했습니다. 시황제는 조금이라도 자신을 비판한 학자들을 무참히 죽일 만큼 잔혹하였으며, 붉은색으로 이름을 쓴 사람을 실제로 죽였기 때문입니다.

"붉은색 이름은 오직 짐에게만 해당되느니라!"

이에 따라 시황제가 통치했던 진나라 때에 빨간색 이름은 황제에게는 고귀함이었지만, 다른 사람에게는 두려움으로 통했습니다.

그 두려움이 얼마나 컸는지 진나라가 멸망하고 그 법이 사라졌지만 사람들은 여전히 붉은색으로 이름 쓰기를 꺼릴 정도였습니다.

하지만 우리의 경우에는 그렇지 않습니다. 진나라는 우리나라 삼국 시대 이전에 망했기 때문에 그런 풍습이 전해지지 않았으니까요. 다만 이름을 생명처럼 여겨 붉은색 글씨가 마치 피로 쓴 혈서처럼 느껴지는 까닭에, 붉은색으로 이름 쓰기를 꺼린 것입니다.

빨강 3·4일째

부적은 왜 붉은색일까

부적(符籍)은 재앙을 물리치기 위하여 붉은 글씨 모양의 것을 야릇하게 그린 종이를 가리키는 말입니다. '부작(符作)'이라고도 합니다. 그런데 부적에 사용되는 색깔은 주로 붉은색입니다. 왜 그럴까요?

"우르릉, 꽝!"

아주 오랜 옛날 거대한 소리와 함께 먹구름이 번쩍하더니 무언가 땅에 내리꽂혔습니다. 번개였습니다. 하지만 초기 인류는 처음에 그게 뭔지 몰랐으며, 번개 맞은 나무가 붉은 불꽃을 내며 타 들어가는 걸 신기하게 쳐다보았습니다.

그 중 한 사람이 용기를 내어 춤추는 불꽃을 만지려다가 뜨거움에 깜짝 놀랐고, 다른 동물들 역시 불꽃을 무서워한다는 사실을 알게 됐습니다. 이후 인간은 불을 이용해 고기를 익혀 먹는가 하면 사나운 짐승으로부터 몸을 지킬 수 있었습니다.

"불꽃은 정말 신기해."

"맞아. 하늘에서 내려와 춤추면서 다시 하늘로 올라가는 그 모습은 또 어떻고."

"오, 위대한 불꽃이여!"

불꽃을 숭배하는 것이 인류 최초의 신앙이 된 이유도 여기에 있습니다. 불은 그렇게 강한 인상으로 인류에게 다가왔습니다. 그리고 사람들은 불의 빛깔인 빨강 자체를 강력한 힘의 상징으로 여기기에 이르렀습니다. 고대인들이 보기에 태양은 붉게 타오르는 불덩어리이고, 거기서 떨어져 나온 작은 불덩어리가 사나운 맹수를 물리치게 해 주니 빨강은 그 무엇도 물리칠 수 있는 강력한 상징이었던 것입니다.

사람들은 나아가 나쁜 귀신이나 악한 기운을 내쫓는 힘이 빨강에 포함되어 있다고 믿었습니다. 뿐만 아니라 암흑과 공포도 물리친다고 생각했습니다. 이런 까닭에 두려운 재앙을 물리치는 부적이 붉은색으로 만들어졌습니다. 문화권에 따라 부적의 생김새는 조금씩 달랐습니다. 유럽의 경우 붉은색 사물을 통해 나쁜 악령을 내쫓으려 했습니다.

고대 로마의 신부는 결혼식 때 불타는 듯한 붉은 베일을 썼고, 중세 유럽에서는 커튼이나 침대보를 빨강으로 하여 재앙을 물리치려 했습니다. 저항력이 약한 아기에게는 목이나 옷에 붉은 리본을 매달아 주었습니다.

이에 비해 동양에서는 종이로 부적을 만들어 몸에 지니거나 집 안 곳곳에 붙여 놓음으로써 불행을 내쫓으려 했습니다.

이 경우 부적은 글씨와 그림의 중간 형태를 띤 기묘한 글씨로 만들어졌는데, 이는 지식인을 우러러본 사회 정서와 글씨를 잘 모르는 대중들을 위한 절묘한 절충에서 나왔습니다. 부적에 그려진 글씨가 그림도, 한자도, 우리말도 아닌 것은 이런 이유 때문입니다. 다만 중국 부적은 붉은색 종이에 노란색이나 흰색으로 글씨를 쓰는데, 우리나라 부적은 흰 종이에 붉은 글씨로 쓴 차이가 있습니다.

중국은 빨강의 상징을 강조하기 위해 바탕 전체를 붉게 한 것이고, 우리는 내용 자체를 더 중요시했기 때문에 글씨를 붉은색으로 한 것입니다.

또한 오랜 세월이 흐르면서 불에서 비롯된 유래는 사라지고 그 상징만 남아 '부적' 하면 '당연히 빨간색'으로 생각하게 됐습니다.

한편 부적이라고 모두 붉은색으로만 쓰는 것은 아닙니다.

화재를 방지하고자 만드는 부적은 검은색으로 '水(물 수)'자를 씁니다. 붉은색은 불(火)과 양기(陽氣)를 상징하는 까닭에, 붉은색 글씨로 화재 예방 부적을 만들면 불이 꺼지는 것이 아니라 불길이 더욱 사나워질 것입니다. 따라서 물(水)과 음기(陰氣)의 상징색인 검정으로 화재 예방 부적을 만드는 것입니다. 이 때 화재 예방 부적은 거꾸로 붙이는데, 그래야 물이 아래로 쏟아질 것이기 때문입니다.

그런가 하면 도장을 붉은 인주에 찍는 것도 붉은 기운이 악한 기운을 물리치고 좋은 일만 생기게 해 달라는 바람에서 비롯된 풍속입니다. 바꿔 말해 붉은 도장은 부적의 상징을 바탕으로 하여 생긴 동양의 독특한 문화입니다.

빨강 5일째

왜 영화제에서 배우들이 걸어가는 길에 레드 카펫을 깔까

"**영화제**가 뭐예요?"
"많은 영화를 한 자리에 모아 상영하는 모임이란다."
"그렇다면 왜 영화제에 참석하는 배우들은 레드(red, 붉은) 카펫 위를 걷나요?"
"음, 혹시 걸어가는 길을 똑바로 잘 보라고 한 건 아닐까?"

여러 나라의 영화를 한 자리에 모아 상영한 세계 최초의 국제 영화제는 1932년 이탈리아의 베네치아에서 처음 열렸습니다. 이후 프랑스의 칸, 독일의 베를린, 러시아의 모스크바에서도 큰 규모의 영화제가 열리며 영화 발전에 큰 역할을 했습니다. 영화제는 영화인들의 잔치이므로 시작하기 전에 널리 알리고, 행사 당일에는 영화 주인공들을 초청하여 분위기를 한껏 띄웁니다. 그 절정은 시상식이지만, 참가자들은 레드 카펫을 밟는다는 사실 자체만으로도 매우 영광스럽게 생각합니다. 왜 그럴까요?

영화제 전시관 입구에 깔린 레드 카펫은 귀족 문화의 유산입니다. 18세기 유럽에서 붉은색은 염색하는 데 많은 돈이 드는 까닭에 귀족들만 사용할 수 있는 색으로 통했습니다.

예컨대 붉은색 굽이 장식된 신발이라든가, 붉은 망토나 재킷 등은 오직 귀족만 신거나 입을 수 있었습니다.

1804년 황제 대관식을 치른 나폴레옹도 붉은 망토로 황제의 권위를 한껏 과시하였습니다.

그뿐이 아닙니다. 오페라가 유행하자 오페라 하우스의 의자와 출입로도 모두 붉은색으로 하여 귀족적 분위기를 강조했습니다. 이런 까닭에 오늘날 극장의 의자도 붉은색으로 하는 경우가 많습니다.

영화제의 레드 카펫은 바로 그런 귀족 문화를 현대적으로 재현한 것으로서, 초대받은 사람들에게 '고귀한 존재'라는 상징을 안겨 주고 있습니다. 일반적으로 레드 카펫에 올라가는 자격이 주최측에서 초대한 저명인사와 그 사람과 동행한 사람에게만 주어지는 이유도 여기에 있습니다.

빨강 6일째

위험 표지판과 축구 경기의 퇴장 신호 레드 카드의 유래

"조심해! 바로 앞에 맨홀 뚜껑이 열려 있으니까."
"어휴, 큰일날 뻔했네. 딴 생각하느라 표지판을 보지 못했어."
교통 표지판이나 공사장 안내 표지판을 보면 '위험'을 나타내는 글씨나 기호는 대부분 붉은색으로 되어 있습니다. 왜 그럴까요?
그 이유는 두 가지입니다. 첫째 고대 사회에서 붉은색이 파멸의 상징이기 때문입니다.
춥거나 온화한 기후에서 산 사람들은 불을 소중히 여겼지만, 더운 지역 사람들은 그렇게 생각하지 않았습니다.
한 방울의 물도 아쉬운 사막에서 불이나 불처럼 뜨거운 열기는 모든 걸 사라지게 만드는 악마처럼 여겨진 것입니다. 고대 이집트의 경우 붉은색은 사악함이나 파괴 그 자체를 뜻했으며, 붉은색에

있는 '위험'으로서
의 상징은 바로 이 파괴의 두려움에
서 나왔습니다. 또 한 가지 이유는 사람들
이 붉은색에 가장 민감한 반응을 나타내는 데 있습니다.
보통 사람들은 붉은색을 보면 자신도 모르게 흥분해서 공격적으로 변하며 위험한 일에 대해 경계심을 갖습니다.
실제로도 붉은색은 불안과 긴장을 증가시키며 마음을 흥분시킵니다. 그래서 세계 어느 나라를 막론하고 '위험이 있다'는 점을 강조하기 위해 표지판을 붉은색으로 하는 것입니다.
한편, 축구 경기에서 레드 카드가 사용된 것은 1970년 멕시코 월드컵이 처음입니다. 당시 영국인 심판 케네스 조지 아스톤이 교통 신호등을 머릿속에 떠올리며 '주의'를 뜻하는 노란색을 경고용으로, '정지'를 뜻하는 붉은색을 '퇴장' 신호로 만들었습니다.
이후 그 편리함에 힘입어 모든 축구 경기에서 사용하게 됐습니다.

빨강 7일째
시험지 채점을 왜 빨간 색연필로 할까

"오늘 시험 잘 봤니?"
"네, 시험지는 잘 보았어요. 그런데 점수는 좋지 않아요."
"뭐라고? 어디 시험지 좀 보자. 온통 빨간색으로 틀린 표시뿐이네."
"헤헤, 죄송해요."

학교나 학원에서 치르는 시험의 시험지 채점은 대부분 빨간 색연필로 합니다. 왜 그럴까요?

그 이유는 빨간색이 자극의 색이라는 데 있습니다. 보통 시험지에 출제된 문제나 답안은 모두 검은색인데, 빨간색이 눈에 잘 띄고 심리적으로 자극을 주기 때문에 빨간색으로 채점하는 것입니다.

빨간색은 시험지로 많이 사용되는 갱지 색깔인 회색을 감안해도 명시성이 뛰어납니다. '명시성'이란 눈에 잘 띄는 성질을 말하며 바탕 색깔과 비교하여 따지는데, 흰색·회색·검은색을 바탕으로 할 때 빨간색이 명시성이 좋습니다.

또한 볼펜·사인펜·연필 등 여러 필기구 중에서 색연필이 큰 기호를 간단히 쓰기에 가장 좋고 오래 쓸 수 있는 까닭에, 빨간 색연필로 답이 맞고 틀리고를 표시했습니다.

다시 말해 채점하는 사람 입장에서 편리하고, 평가지를 받는 입장에서 눈길을 확 잡아끄는 색이 빨간 색연필인 것입니다.

흥미롭게도 조선 시대 과거시험에서도 붉은색 글씨가 사용됐습니다. 당시 공정하게 평가하고자 응시자들이 쓴 글을 바로 채점하지 않고, 시험관들이 서리를 시켜 답안지 내용을 붉은 글씨로 모두 옮겨 베끼게 했습니다. 이는 응시자 필적을 알지 못하게끔 하기 위함이었으며, 원래 답안지와 구분하기 위해 색을 달리 한 것입니다.

물론 지금처럼 각 문제 번호에 맞고 틀리고를 표시한 게 아니기 때문에 그 성질은 다르지만, 빨간색이 채점과 연관됐다는 점만큼은 재미있는 사실입니다.

빨강 8·9일째

스포츠카에 빨강이 많은 이유

"야, 저 스포츠카 멋지네."
"어디? 아, 저기 빨간색 자동차?"
"그래, 역시 자동차는 빨간 스포츠카가 최고야."

젊은이들 중에는 스포츠카를 좋아하는 사람이 많습니다. 열정과 패기 넘치는 마음이 빠른 속도를 즐기고 싶어하는 건 당연합니다. 그래서 그런지 젊은층을 겨냥해 최근 등장한 휴대전화 중에는 빨간 스포츠카를 흉내낸 것도 있습니다. 그런데 왜 '스포츠카' 하면 '빨강'이 연상될까요?

경주용 자동차인 레이서(racer)는 1900년대에 규격이 정해졌고 1910년대에 레이서와 실용적인 차를 절충한 스포츠카가 만들어졌습니다. 스포츠카는 여러 나라에서 생산되었으며 특히 이탈리아에서 큰 인기를 끌었습니다.

그 중 알파로메오는 이탈리아 최초의 스포츠카 회사로서, 1920년대에 각종 자동차 경주 대회에서 여러 차례 우승하면서 이름을 떨쳤습니다. 그러다가 1928년 알파로메오 소속의 직업 운전자 빅토리오 야노가 승용차의 안락함과 레이서의 성능을 합친 현재와 같은 형태의 스포츠카를 설계함으로써 본격적인 스포츠카의 시대를 열었습니다.

그런데 이렇게 만든 스포츠카 '알파로메오 1750'은 본래 흰색이었습니다. 하지만 야노의 애인 소피아가 스포츠카를 보고는 이렇게 말했습니다.

"이 차 모양은 정말 마음에 들어. 그러나 나는 흰색이 싫어. 빨강으로 바꾸지 않으면 너와 헤어질 테야."

사랑하는 여자 친구의 말에 야노는 마음이 약해져서 자동차 색깔을 빨강으로 바꾸고 말았습니다. 이후 야노의 빨간 스포츠카가 이탈리아 자동차 경주에서 계속 우승하자 빨간 자동차는 스포츠카의 상징처럼 여겨지게 됐습니다.

그 뒤 제2차 세계대전이 일어나기 직전 알파로메오의 자동차 경주팀원이었던 E.페라리가 자기 이름을 딴 값비싼 스포츠카를 생산하면서 역시 빨간색을 사용했습니다. 페라리는 자동차 경주 역사상 가장 많은 승리를 차지하면서 순식간에 스포츠카의 대명사처럼 됐으며, 부유층 젊은이들의 사랑을 독차지했습니다.

페라리 자동차 회사는 1969년 이탈리아 피아트사에 넘어갔습니다. 하지만 그 명성이 워낙 높아서 지금까지도 '스포츠카' 하면 '페라리'를 떠올리고, '페라리' 하면 '빨간색'을 생각하게 됩니다.

그 가치가 어느 정도인가 하면 1987년 페리리 창사 40주년 기념으로 나온 F40 빨간색 스포츠카가 순식간에 예약 판매되고, 고객은 주문 후 4년 후에야 스포츠카를 받을 수 있었습니다.

그렇지만 오늘날 스포츠카가 모두 빨간색으로 칠해지지는 않습니다. 예컨대 영국의 재규어 스포츠카는 초록이며, 프랑스 스포츠카는 파랑, 독일 스포츠카는 은색, 이탈리아는 빨강입니다.

이는 국제 자동차 연맹에서 규정한 나라별 색깔이며, 그 원칙에 따라 나라마다 차이가 있습니다.

그럼에도 불구하고 빨강이 스포츠카의 상징처럼 여겨지는 이유는 앞서 말했듯 이탈리아 스포츠카의 명성이 워낙 높은 데 있습니다.

빨강 10일째

사랑의 하트♥는 왜 붉은색일까

"아무래도 큐피드의 화살을 맞은 것 같아."
"왜, 무슨 일 있어?"
"그 사람만 생각하면 내 눈에 ♥(하트 모양) 이 생긴단 말이야."

큐피드와 하트 모양이 도대체 무슨 관계가 있을까요?
큐피드는 로마 신화에 나오는 사랑의 신입니다.
날개가 있는 아이 몸에 두 가지 종류의 화살을 가지고 돌아다닌다고 합니다.
사랑을 생기게 만드는 황금화살과 사랑을 쫓아 버리는 납화살이 그것으로, 보통 사랑에 빠졌다고 하면 황금화살을 맞은 것입니다.

큐피드의 모습은 고대 로마에서 조각으로 종종 만들어졌고, 근대 유럽에서 그림으로 많이 그려졌으며, 1912년 미국의 윌슨이라는 화가가 한 잡지에 그린 모습이 큰 인기를 끈 후 세계 각국에 널리 퍼졌습니다.

그런데 하트 모양은 본래 큐피드와 아무 관계가 없습니다.

하트 모양 자체는 중세 크리스트 교에서 포도주를 넣는 그릇인 성배(聖杯)에서 유래된 상징입니다. 즉, 성배 모양에서 생긴 도안이 하트 모양인 것입니다.

그런데 초기의 하트 모양은 심장을 의미했습니다.

성배에 담는 붉은 포도주가 '예수의 피'를 상징하므로 하트 모양이 자연스럽게 '붉은 피, 끓는 심장'을 뜻한 것입니다.

그러다가 중세 유럽 인들이 심장에 마음이 들어 있다고 믿은 까닭에 '심장 = 뜨거운 마음 = 사랑'을 의미하게 됐습니다.

급기야 하트 모양은 근대 들어서 발렌타인데이 카드에 사랑하는 마음의 상징적 표현으로 이용되면서 큐피드와 함께 그려졌습니다. 이 때 하트 모양은 붉은 피와 관계 있으므로 자연스럽게 붉은색으로 칠해졌답니다.

오늘날에는 분홍색이나 보라색으로 칠해지기도 하는데 붉은색의 변형일 뿐입니다.

빨강 11일째

수은이나 알코올은 은색인데 왜 온도계 기둥은 빨강일까

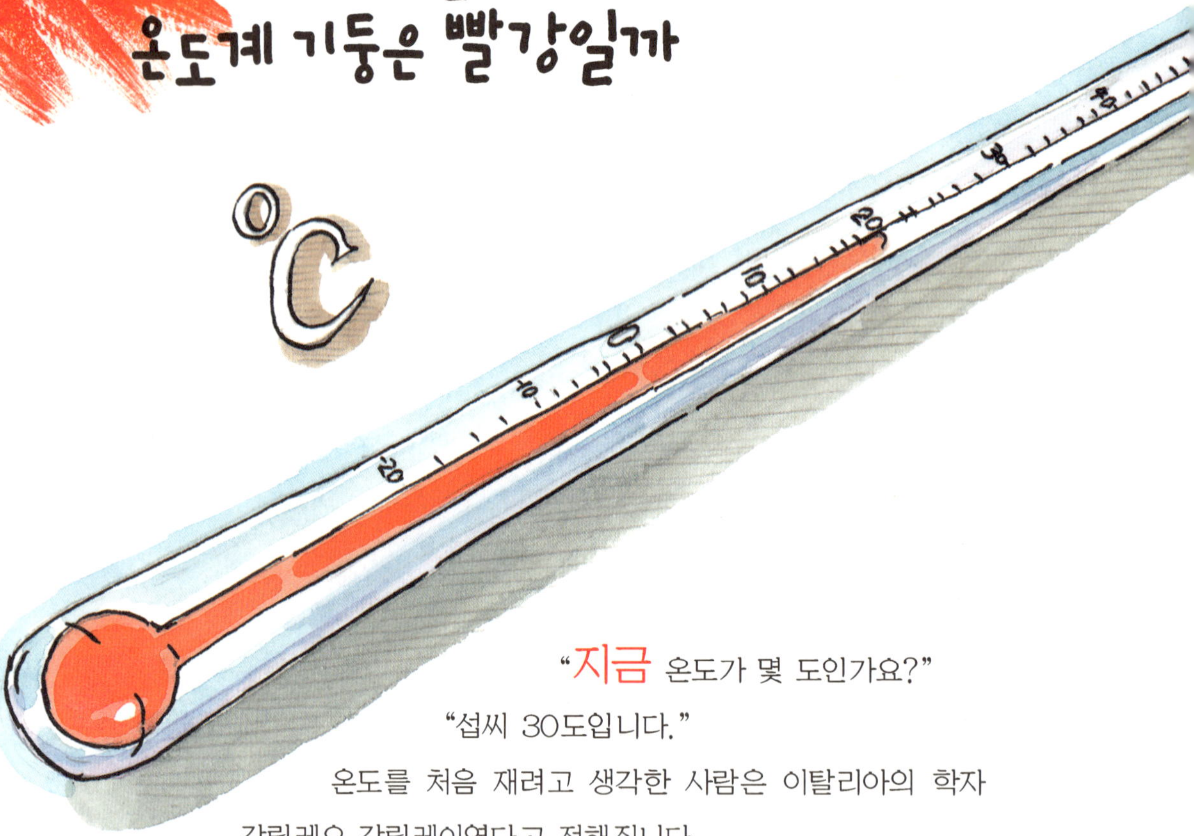

"**지금** 온도가 몇 도인가요?"
"섭씨 30도입니다."

온도를 처음 재려고 생각한 사람은 이탈리아의 학자 갈릴레오 갈릴레이였다고 전해집니다.

그렇지만 실제로 사용 가능한 온도계는 1724년 독일의 물리학자인 화렌화이트가 최초로 만들었습니다.

그는 자기가 만든 온도계로 여러 가지 액체의 끓는 온도를 재고, 또 끓는점이 공기 압력과 관계가 있다는 사실도 알아 냈습니다. 이를 바탕으로 그는 '화씨' 눈금을 처음으로 만들어 내기도 했습니다.

'화씨'는 '화렌화이트'의 한자 표기로서, 단위

는 ℉를 사용하는 온도 측정법입니다.

우리 나라는 섭씨 온도를 사용하고 있는데, '섭씨'는 1742년 새로운 온도 측정법을 제시한 스웨덴 천문학자 '셀시우스'의 한자 표기로서, 단위는 ℃를 사용합니다. 물의 어는점과 끓는점을 표준으로 정하고 그 사이를 100등분했기에 백분율에 익숙한 사람들에게 편리합니다.

오늘날 미국과 영국은 화씨 온도계를 사용하고 있으나, 우리 나라와 중국, 일본은 섭씨 온도계를 사용하고 있습니다.

온도계는 초기에 공기를 이용해 만들었으나 불편한 점이 많았기에 이윽고 수은이나 알코올을 이용하게 됐습니다.

수은(혹은 알코올)을 아주 가는 관에 넣고 물이 어는 온도와 끓는 온도를 100등분한 다음, 더우면 물질이 팽창하고 추우면 응결되는 현상을 이용해서 온도를 알아보는 것입니다.

요즘에는 수은이 중독성 물질이라 하여 알코올을 넣는데, 수은이든 알코올이든 그 색깔을 알아보기가 힘듭니다. 그래서 빨간 물감을 넣어 그 기둥이 빨갛게 나타나도록 하고 있답니다.

빨간색은 불의 색이므로 기온이 올라가는 느낌을 주기 때문입니다.

빨강 12일째

첫월급 탔을 때 빨간 내복을 선물하는 이유

"오늘 드디어 감격적인 첫 월급을 타는구나."
어떤 청년이 회사에 취직한 뒤 처음 월급을 받으면서 한 말입니다. 그러자 옆에 있던 상사가 한 마디 거듭니다.

"그래, 그러면 오늘 빨간 내복을 한 벌 사야겠구면."

우리 나라에서는 실제로 첫 월급 타는 날 빨간 내복이나 예쁜 속옷을 사서 부모님에게 선물하는 사람이 많습니다.

왜 그럴까요?

옷 색깔은 문화권에 따라 다양한 의미를 지니고 있습니다.

하지만 문명이 발달하고 개인의 정서가 중요시된 현대에 들어서는 실용적인 색이 주목받고 있습니다.

우리 나라에서 1960~1970년대에 크게 유행했던 빨간 내복이 바로 그 예입니다. 당시 속옷은 패션보다는 보온을 목적으로 만들어졌는데, 붉은색은 염색하기 쉽고 난방이 여의치 않던 시절 열기가 느껴지는 색이라는 이유로 내복 색깔을 지배했습니다. 요컨대 빨간 내복은 더워 보이기 위해 고안된 실용적 의복 문화였던 셈입니다.

그런데 당시 우리 나라 경제 사정은 그다지 좋지 못했으며, 많은 식구가 모여 사느라 돈을 아껴야 하는 형편이었습니다.

옷이 한 벌뿐인 단벌 신사도 흔했고, 겉옷은 물론 속옷도 기워서 입기 일쑤였습니다.

자식이 성장하여 직장에 다닐 때가 되면 부모는 늙어서 몸이 허약해지기 마련입니다. 또한 속옷 사정을 알 수 있는 건 가족뿐입니다. 그래서 첫 월급을 타면 무엇보다 먼저 빨간 내복을 사서 부모님에게 드린 것이 자연스럽게 문화가 됐습니다.

오늘날에는 내복이 다양하므로 굳이 빨간 내복을 고집하지 않으며, 현금으로 드리기도 합니다. 시대가 달라지면 문화도 변하는 법입니다.

빨강 13·14일째

공산주의 국가는 왜 국기에 빨강을 넣었을까

원시 시대 인류는 사냥하는 과정에서 피 흘리며 죽는 짐승을 보며, 또는 상처 입은 사람의 몸에서 나온 피를 보며, 붉은색에서 강렬한 생명의 힘을 느꼈습니다. 자연스럽게 피의 색 빨강은 '생명력'을 상징하게 됐습니다.

또한 사람들은 피를 보면 본능적으로 흥분한다는 사실을 깨달아 싸우러 나갈 때 붉은색 옷을 입거나 온몸을 붉게 칠하는 등 빨강으로 치장하는 풍습도 생겼습니다. 다시 말해 옛 사람들은 붉은색으로 용기를 북돋운 것입니다. 이런 까닭에 빨강은 용기·용맹·공격·도전의 색으로 통하게 됐습니다.

"자, 우리 앞으로 나갑시다. 저 붉은 깃발을 따라서!"

그러다가 1789년 프랑스 혁명 때 붉은 깃발이 자유의 상징으로 사용되면서 붉은 깃발은 '기존 체제에 대한 도전'을 뜻하기 시작했습니다. 다시 말해 왕족, 귀족 등 특권계급을 무너뜨리고 모든 사람이 평등하게 사는 세상에 대한 희망을 붉은 깃발로 표현한 것입니다.

현대에 와서도 붉은색은 '공격·도전·반항'의 상징으로 통했으며, 1917년 러시아 왕실을 쓰러뜨린 혁명가들은 붉은색을 공산당의 표지 색깔로 삼았습니다. 그리고 러시아 혁명 이후 세워진 중국과 북한 등 다른 공산주의 국가들도 모두 붉은색을 국기의 기본색으로 채택했습니다. 왜 그랬을까요?

공산당이 빨강을 국기의 기본 상징으로 삼은 이유는 붉은색이 피를 상징하고, 전통 질서를 뒤집기 위해서는 사람들의 피의 희생이 필요하다고 본 데 있습니다.

"펄럭이는 붉은 깃발은 군중을 자극하고 뭉치게 하는 힘이 있으니 국기에 빨강을 넣읍시다."

"그렇지요. 혁명 정신은 영원해야 하니까요."

여기에 공산주의 이념을 주창한 마르크스와 혁명가 레닌이 개인적으로 붉은색을 좋아한 것도 일부 반영되었습니다. 요컨대 공산당은 붉은색에 담겨 있는 용기와 반항 정신을 강조하기 위해서 국기의 기본색을 빨강으로 정했으며, 소비에트 연방(소련)의 영향을 받은 위성국가들 역시 자연스레 붉은색 국기를 만들어 사용한 것입니다.

그런데 적대적인 두 집단이 있을 경우 어느 한쪽에서 무언가를 사랑하면 다른 한쪽은 그것을 몹시 싫어하는 경향이 있습니다. 역사적으로 볼 때 붉은색이 그렇습니다.

공산주의 국가가 붉은색을 선호하자, 민주주의 국가에서는 붉은색을 무척이나 꺼렸습니다.

'빨갱이', '레드 콤플렉스', '새빨간 거짓말' 따위는 모두 공산주의 국가에 대한 미움이 붉은색 이미지를 통해 나타난 결과입니다.

무형(형체가 없음)의 색채가 유형의 이미지를 만든 셈입니다.

게다가 한번 형성된 이미지는 좀처럼 사라지지 않습니다.

특히 색채와 관련된 이미지는 더욱 그렇습니다.

그리하여 소련이 해체된 뒤, 러시아는 가장 먼저 국기 색을 하양·파랑·빨강이 수평으로 3등분 된 삼색기로 바꾸었습니다.

이 삼색기는 1705년 피터 대제가 처음 만들었는데, 여기에도 나름의 상징이 들어 있습니다.

흰색은 황제와 평화를, 파란색은 성모(聖母)와 충성심을, 붉은색은 황제의 권력과 용감무쌍을 의미합니다.

그런가 하면 중화인민공화국(중국)은 '오성홍기(五星紅旗)'라 하여 붉은 바탕에 황색으로 된 큰 별 하나와 작은 별 4개가 왼쪽 윗부분에 배치된 국기를 사용하고 있습니다. 여기에서 바탕의 붉은색은 혁명을 상징합니다.

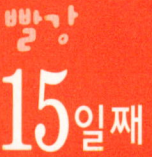

빨강 15일째

모스크바의 '붉은 광장'은 붉은색이 아닌데 이름이 왜 그럴까

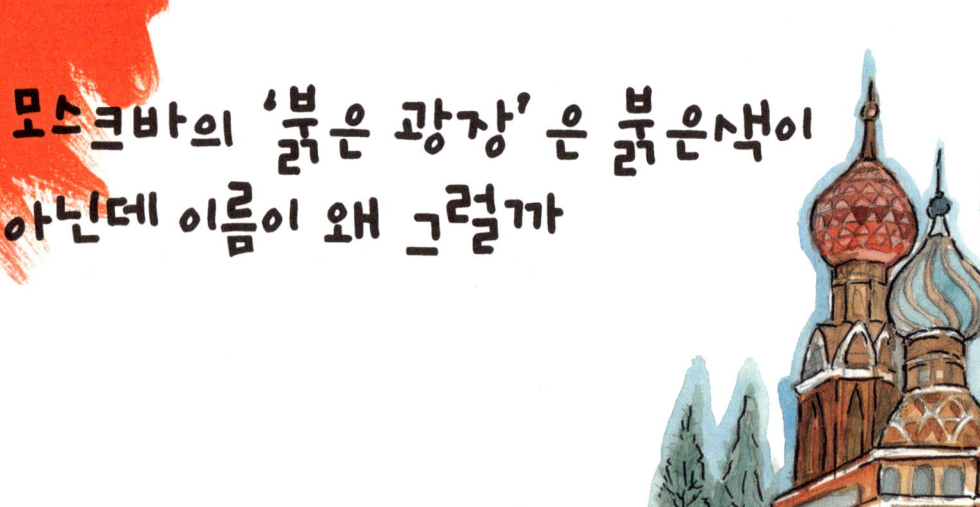

"나 내일 모스크바에 갈 예정이야."
"그럼 그 유명한 붉은 광장도 볼 수 있겠네."
러시아의 '붉은 광장'은 세계적으로 유명한 관광 명소로서, 모스크바를 방문하는 사람이 가장 먼저 들러 보는 곳이기도 합니다. 그렇지만 붉은 광장의 바닥은 붉은색이 아니라 다갈색 돌입니다.
그렇다면 '붉은'이라는 말은 어디에서 비롯된 걸까요?
먼저 붉은 광장의 위치부터 살펴보면, 모스크바 한가운데 크렘린(성채) 성벽의 북동쪽에 있습니다.
너비는 대략 100m, 길이는 500m가량 됩니다.
15세기 말부터 형성된 광장으로 차르(러시아 황제)가 선언식을 하거나 포고문을 내린 곳이었습니다. 또한 당시 이 곳에서는 상거

래가 이루어졌기에 토르그(시장)라고 불렸습니다.

그러다가 1571년 큰 화재가 일어나 상점이 모두 불타 버렸고, 17세기에 대대적으로 광장을 정비한 뒤 '끄라스나야 쁠로샤지'라고 이름지었습니다. 그 뜻은 '아름다운 광장'입니다.

그런데 1917년 러시아에 혁명이 일어나면서 레닌이 이끄는 공산주의 정권이 들어섰습니다.

이후 러시아 공산당은 왕조 시대에 성채로 쓰인 크렘린을 정치의 중심지로 삼았고, 바로 앞의 광장을 세력 과시를 위한 장소로 적극 이용했습니다.

해마다 노동절과 10월 혁명 기념일에 펼쳐지는 연례 행렬은 그 대표적 행사로서, 다른 나라에 매우 강한 인상을 주었습니다.

'아름다운 광장'이 세계에 널리 알려진 시기도 이 무렵입니다. 그러나 영어로 번역되는 과정에서 '아름다운 광장'이 아니라 '붉은 광장(Red Square)'이 되고 말았습니다.

러시아 어 '끄라스나야'는 '아름다운'이라는 뜻 이외에 '붉은'이라는 뜻도 가지고 있는데, 번역자가 공산주의 상징 색깔을 의식하고 '붉은'이라는 단어를 택했기 때문입니다.

러시아 모스크바는 줄곧 공산주의의 본거지처럼 여겨졌기에 '붉은 광장'은 자연스럽게 받아들여졌고 지금껏 그렇게 불리고 있답니다.

빨강 16일째

스페인 투우사는 왜 소 앞에서 빨간색 천을 흔들까

"와, 정말 대단하다. 대단해!"
"저 투우사는 지금까지 100전 100승이래."
투우는 스페인, 포르투갈, 멕시코 등지에서 행해지는 격렬한 스포츠입니다. 사람들은 투우사가 황소를 쓰러뜨리는 걸 보며 열광하고, 투우사는 조금이라도 더 황소에게 접근하여 용기를 과시합니다. 이 때 투우사는 빨간색 천을 흔들어 황소를 자극합니다. 왜 빨간색 천을 흔들까요?
관중들이 볼 때 스페인 투우사가 소에게 빨간색 천을 흔드는 것은 자극의 표현입니다. 하지만 소는 빨간색을 보고 흥분하지 않습니다. 왜

냐하면 소는 색맹이어서 빨간색을 느끼지 못하니까요. 그러므로 소가 빨간색을 보면 흥분해서 날뛴다는 이야기는 근거가 없다고 말할 수 있습니다.

황소가 달려드는 진짜 이유는 투우사가 망토를 흔들며 약올리는 행위나, 보조 투우사가 창으로 찌른 데 대한 분노에 있습니다.

이 경우 투우사가 파란색 천이나 초록색 천을 흔들어도 황소는 미친 듯이 달려들 것입니다.

그럼에도 불구하고 투우사가 빨간색 천을 흔드는 것은 소가 아니라 사람들에게 보여 주기 위한 일종의 몸짓입니다.

색채학자들에 따르면, 빨간색을 보고 흥분하는 것은 황소가 아니라 사람입니다. 사람들은 투우사의 용감한 행동을 마치 자신이 용기를 내어 한 일처럼 느끼며, 피를 보고 흥분함으로써 일상생활에서 쌓인 스트레스를 말끔히 씻어 버리는 것입니다.

한편, 빨간색 천의 경우 웬만큼 피가 묻어도 표시가 나지 않으며, 황소가 죽을 때 흘리는 피보다는 흔들리는 천으로 눈길을 집중하게 하여 잔인한 느낌을 어느 정도 감추는 효과가 있습니다.

그러므로 빨간색은 황소가 아니라 사람들을 흥분하게 만들기 위한 색인 셈입니다.

빨강 17·18일째

산타클로스는 왜 붉은색 외투를 입고 굴뚝으로 들어갈까

해마다 성탄절 전날 밤이 되면 어린이들은 산타클로스의 선물을 기다리며 잠을 설칩니다. 종교를 떠나서 많은 나라에서 쉽게 볼 수 있는 풍경입니다.

그런데 묘하게도 산타클로스는 대문이 아니라 굴뚝으로 들어가서 양말에 선물을 놓아 둔다고 합니다.

왜 그럴까요?

인자한 할아버지가 해마다 연말에 어린이들에게 선물을 준다는 전설은 핀란드에서 비롯됐지만, 산타클로스(Santa Claus)라는 이름 자체는 니콜라스 성인에 어원을 두고 있습니다.

서기 270년 소아시아(지금의 터키) 미라 지역의 대주교였던 니콜라스는 어린이들을 좋아하여 남몰래 착한 일을 많이 했습니다. 그 중에는 너무 가난해서 결혼하지 못하고 있던 세 자매를 도와 준 일도 있었습니다.

니콜라스는 하나님의 선물처럼 생각하게 하고자 황금동전을 굴뚝으로 던져 툭 떨어뜨렸고, 세 자매는 그 돈으로 결혼할 수 있었습니다. 또 다른 이야기에는 창문 근처에 걸어 놓은 양말에 살짝 금화를 넣었다고도 합니다. 이런 배경을 바탕으로 산타클로스가 굴뚝으로 들어가 양말에 선물을 넣어 준다는 이야기가 생겼습니다.

니콜라스는 죽은 뒤 그리스 정교회에서 가장 유명한 성인이 되었으며, 여행자, 상인, 어린이, 학생 등을 수호하는 성인으로 숭배되었습니다. 또한 중세 유럽 교회에서는 연말에 성 니콜라스의 날을 정해 어린이 축제날로 삼았고, 19세기 경에는 아이들에게 선물을 주는 수염 긴 할아버지로 여겨지기에 이르렀습니다.

이런 까닭에 연말에 남몰래 누군가를 도와 주는 사람을 라틴 어로 '상투스 니콜라우스', 영어로 '산타클로스'라 말하게 됐답니다.

그렇지만 붉은 외투를 입고, 붉은 모자를 쓴 흰 수염 할아버지의 모습은 20세기 초에 만들어졌습니다. 적어도 19세기까지는 나라에 따라 붉은 외투에서부터 흰색 외투 혹은 진한 파랑 옷을 입은 산타도 많았습니다.

그러다가 20세기 초 미국 삽화가 노먼 록웰이 잡지에 붉은 외투에 붉은 삼각 모자를 쓴 현재와 비슷한 산타클로스를 자주 선보이면서 점차 그 모습이 굳어지기 시작했습니다. 노먼 록웰은 산타클로스가 가게에서 선물을 고르거나 수첩을 보며 고민하는 모습을 표현하여 인기를 끌었습니다.

그리고 1931년 미국의 코카콜라사가 그런 산타클로스를 조금 더 세련된 모습으로 광고에 등장시킴에 따라 순식간에 유명해졌습니다. 당시 코카콜라사는 겨울철에 콜라 판매량이 급격히 줄어들자 판매량을 늘리기 위한 홍보 전략을 세웠는데, 그 중 하나가 당시 각양각색이던 산타클로스의 모습 대신 새로운 모습의 산타클로스를 창조하는 것이었습니다. 사람들에게 친근하게 느껴지는 산타클로스를 통해 콜라를 선전하기 위해서였습니다.

그래서 자기 회사의 삽화가를 통해 정겨운 산타클로스의 모습을 만들어 냈습니다.

이 때 노먼 록웰의 산타클로스가 본보기가 된 것입니다.

코카콜라사에서 붉은색으로 장식한 산타클로스를 선택한 이유는 따뜻함을 느끼게 할 뿐만 아니라 붉은색이 눈에 잘 띄기 때문이었습니다.
"마시자, 코카콜라!"
붉은 옷을 입은 채 코카콜라 병을 한 손에 들고 입가에 미소를 띤 산타클로스가 한 마디 내뱉은 말입니다.
이런 모습으로 그려진 산타클로스는 간판에 대대적으로 등장하여 거리를 오고 가는 사람들에게 분명하게 알려졌고, 코카콜라의 판매를 도우면서 산타클로스 자체를 세계적으로 알리는 데 큰 역할을 했습니다.

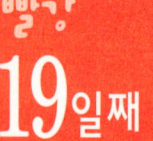

빨강 19일째

중국인들은 왜 명절 때 빨간 옷을 입을까

"아빠, 중국 사람들은 왜 저렇게 빨간색을 좋아하나요?"

중국 풍물을 다룬 텔레비전 프로그램을 보던 아이가 궁금해서 던진 말입니다.

거리 곳곳의 간판은 물론 상점 안에도 붉은색이 많고, 붉은 옷을 입은 사람들도 많았기 때문입니다. 정말 왜 그럴까요?

아주 오랜 옛날부터 중국인들은 빨간빛을 좋아했습니다. 구석기 시대 북경 원인들은 붉은색으로 물들인 구멍 뚫린 조약돌이나 붉은 돌을 몸에 지니고 다니면서 생명이 강해지기를 기원했습니다.

피의 색깔과 같은 빨간색이 생명의 기운을 채워 준다고 믿은 까닭입니다. 거기에 빨간색은 맹수를 물리치는 불의 색으로도 여겨졌기에, '붉은색이 위험으로부터 벗어나 안전하게 해 준다'는 굳은 믿음까지 생겼습니다. 이 믿음은 신앙으로 발전했고, 문명국가를 이룬 뒤에도 빨간색을 숭배하는 배경이 됐습니다.

또한 중국인들은 폭죽을 터뜨리며 사나운 짐승들과 사악한 잡귀를 내쫓는 풍습을 행했는데, 폭죽의 불꽃이 빨간색을 상징하므로 이래저래 빨간색은 행운을 의미하였습니다.

그리하여 중국에서는 명절이 되면 붉은 옷을 입고, 붉은 물건을 집 안 곳곳에 장식하여 행운을 바라기에 이르렀습니다.

결혼 축의금이나 세뱃돈 따위 축하나 격려의 뜻에서 남에게 돈을 줄 때 붉은색 종이에 넣어 주는 풍습도 그런 문화의 한 부분입니다.

나아가 중국인들은 좋은 것에 빨간색을 덧붙여 말을 만들곤 했습니다. 마음 착한 효자를 '적자(赤子)', 화려하게 화장한 미인을 '홍장(紅粧)', 여성의 아름다운 얼굴을 '홍안(紅顔)'이라고 하는 것들이 그런 예입니다. 이런 역사를 바탕으로 오늘날 중국인들은 붉은 봉투에 담아 주는 돈에 불처럼 활활 일어나라는 의미를 부여하였습니다.

빨간색의 화려함은 화려한 것을 좋아하는 중국인 심성에 맞는다고 합니다. 그러고 보면 중국에서는 돈과 관련된 일에도 빨간색이 사용되고 있음을 알 수 있습니다.

빨강 20일째

일본의 붉은 도미구이가 붕어빵의 유래라고요?

일본 사람들은 붉은 도미 요리를 매우 귀하게 여깁니다. 그래서 반가운 손님이 오면 도미 요리를 내놓는 풍습이 있습니다. 왜 도미를 귀하게 여길까요?
예부터 일본인들은 붉은 태양을 숭배했기에, 일본에서 빨강은 운 좋은 색깔로 여겨졌습니다.
또한 일본은 사방이 바다에 둘러싸인 섬나라이기는 하지만, 해산물은 보존이 어려웠기에 귀한 식품이었습니다. 그런 까닭에 귀족이나 부자만 생선회를 먹을 수 있었습니다.
일본인들은 생선 중에서도 특히 도미를 행운을 가져다 주는 귀한 음식으로 생각했습니다.

왜냐하면 도미의 빛깔이 붉었기 때문입니다. 그래서 누군가를 축하하는 자리에서는 반드시 머리부터 꼬리까지 통째로 구운 도미를 내놓는 풍습이 생겼습니다. '통째 구운 도미구이'에는 완전한 형태로 사람을 축복한다는 의미를 담았습니다.

일본의 막부 시대에 영주가 전쟁터로 떠나는 군인들을 격려하기 위해 베풀던 연회 '쇼군만찬'에도 도미가 반드시 포함되었습니다.

또한 일본 아이치현의 토요하마를 비롯한 일부 지방에서는 해마다 도미 축제를 벌이는데, 이 역시 도미를 통해 행운을 기원하기 위해 생긴 풍습입니다. 도미 축제는 20미터 길이의 도미를 만든 다음 여러 젊은 이들이 어깨에 둘러 메고 바다와 시내를 돌아다니는 행사로서, 이 날 사람들은 도미를 만지며 각각 나름의 소원을 빕니다.

요컨대 붉은 태양을 국기(國旗)의 상징으로 삼을 만큼 붉은색을 숭배하는 일본인의 정서가 붉은색 물고기인 도미를 귀한 음식으로 여기게 만든 것입니다.

한편, 19세기 말 일본의 간베라는 상인이 도미 모양의 풀빵을 만들어 팔아 큰 돈을 벌었습니다. 이는 도미의 행운을 적은 돈으로 구입하려는 사람의 마음을 이용한 것입니다.

도미빵, 즉 타이야키는 일제강점기에 우리 나라에 들어와 붕어빵으로 바뀌었습니다. 한국인들에게는 도미보다 붕어가 친숙했기 때문입니다.

빨강 21일째

손톱에 물들인 봉숭아물이 없어지기 전에 첫 눈 내리면, 첫사랑이 이루어질까

"**손톱**에 봉숭아 물들여야겠다."
"그럼 나도 해야지."

옛날 여인들은 초여름에 봉숭아꽃이 피면, 그 꽃잎을 따서 백반이나 소금을 약간 넣고 빻은 다음 손톱에 얹고 헝겊으로 싸매곤 했습니다. 며칠 지나서 헝겊을 풀면 곱게 물들여진 손톱을 볼 수 있었으니 예전의 봉숭아물은 요즘의 매니큐어인 셈입니다. 그런데 봉숭아 꽃잎으로 손톱에 물들인 실제 이유는 전혀 엉뚱합니다. 무엇일까요?

우리 나라 여인들이 손톱에 붉은 봉숭아 꽃물을 들이는 풍습은 귀신 쫓는 무당의 손톱에서 유래합니다. 옛 문헌 『임하필기』에 이렇게 기록되어 있습니다.

"봉선화가 **붉어지면** 그 잎을 빻은 다음 명반을 섞어 손톱에 싸고 사나흘 밤만 지나면 진한 빨간 빛깔이 든다. ……무당뿐 아니라 어린 아이들에게까지 이 봉선화 꽃물을 들이는 뜻은 예쁘게 보이려는 뜻보다 병마를 막기 위한 것이다."

의학의 혜택을 제대로 받지 못한 옛 사람들은 그저 병에 걸리지 않기를 바랐으며, 그런 바람이 건강을 기원하는 갖가지 관습을 낳았으니 봉숭아물이 바로 그 중 하나입니다. 즉, 귀신이 붉은색을 두려워하므로 손톱에 붉은 봉숭아물을 들여 질병 귀신을 쫓으려 했던 것입니다. 그렇지만 세월이 흐르면서 악귀 쫓는 목적은 사라지고, 손톱 장식처럼 여겨지게 됐습니다. 또한 여인들이 여름에 봉숭아물을 들이면서 품은 첫사랑에 대한 막연한 희망이 근대에 들어서 어느 새 '첫눈 내리기 전에 이루어지는 사랑'이라는 미신을 낳기에 이르렀습니다.

요컨대 '봉숭아 물들인 붉은 손톱이 없어지기 전에 첫눈이 내리면 첫사랑이 이뤄진다.'는 속설은 '귀신을 물리친다'는 믿음이 '소원을 이뤄 준다.'는 믿음으로 변화된 것입니다.

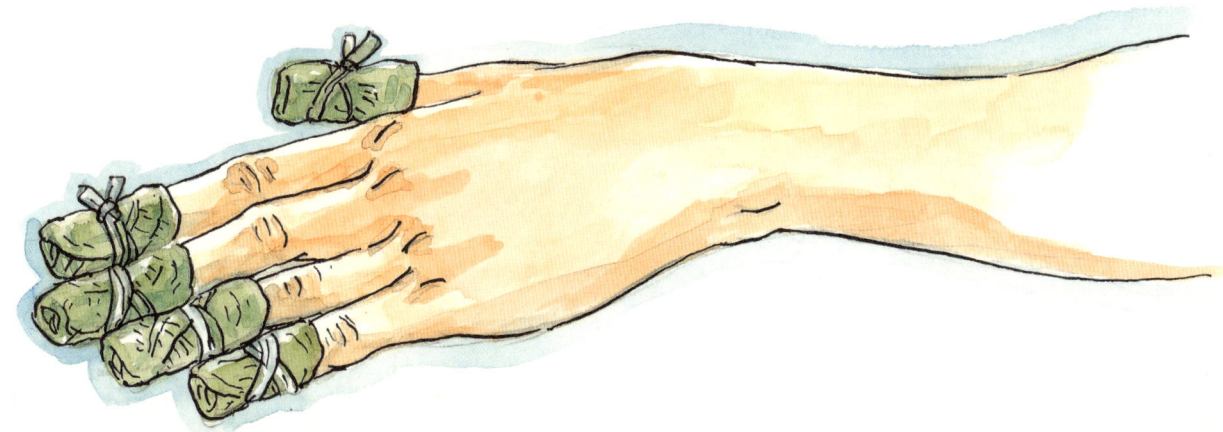

제 2장

노랑·주황

노랑·주황
22일째

매우 인색한 사람을 왜 '노랑이'라고 말할까

일반적으로 어느 한 사람이 지나치게 많은 걸 갖고 있으면 그 주변의 많은 사람들이 그를 질투합니다.
왜냐하면 그가 얻은 이익이 사회에서 나온 것이기 때문입니다.
그래서 생각 있는 부자들은 좋은 일에 써 달라며 기부금을 내거나 크게 한턱을 내서 그런 불만을 잠재우곤 합니다.
이에 비해 다른 사람에게 베풀 줄 모르는 인색한 사람은 냉정하게 살아가므로, 대부분의 사람들은 인정 없는 사람이라 하여 싫어하고 손가락질합니다.
너나없이 어울려 사는 사회에서 어느 정도 잘 살면서도 이웃의 고통을 모른 척하는 사람의 마음이 좋게 보이지 않기 때문입니다.

수전노·구두쇠·노랑이 따위는 그런 미운 마음에서 나온 말들이며, 약간씩 다른 뜻을 갖고 있습니다. '수전노(守錢奴)'는 '돈을 지키는 노예', '구두쇠'는 '(돈 쓰는 데) 굳은 사람', '노랑이'는 '생각이 좁고 몹시 인색한 사람'을 의미합니다. 그런데 '노랑이'가 왜 그런 뜻으로 통할까요?

노랑이의 어원에 대해서는 두 가지 설이 있습니다. 색채어 '노랑'에 사람을 뜻하는 '이'가 합쳐진 말이라는 설과 '놀다'에 존재를 뜻하는 '앙이'가 더해진 말이라는 설이 그것입니다.

앞의 학설이 맞을 거라 여겨지는데, 그 이유는 '노랑'이 누렇게 뜬 얼굴색을 상징한다고 분석되기 때문입니다. 심리학적으로 볼 때 욕심이 지나치게 많은 사람은 화를 잘 내고 질투도 많습니다. 또 남에게 인정 없는 사람은 다른 사람들을 믿지 않으며 짜증을 잘 냅니다.

옛날 사람들은 이런 심리를 가진 사람들의 얼굴이나 몸이 노랗다고 믿었습니다. 화, 즉 분노가 담즙에 들어 있으므로 그들이 화를 내거나 짜증낼 때마다 담즙이 많이 분비되어 피부가 담즙 색깔처럼 노랗게 된다고 본 것입니다.

노랑이는 여기에서 나온 말입니다.

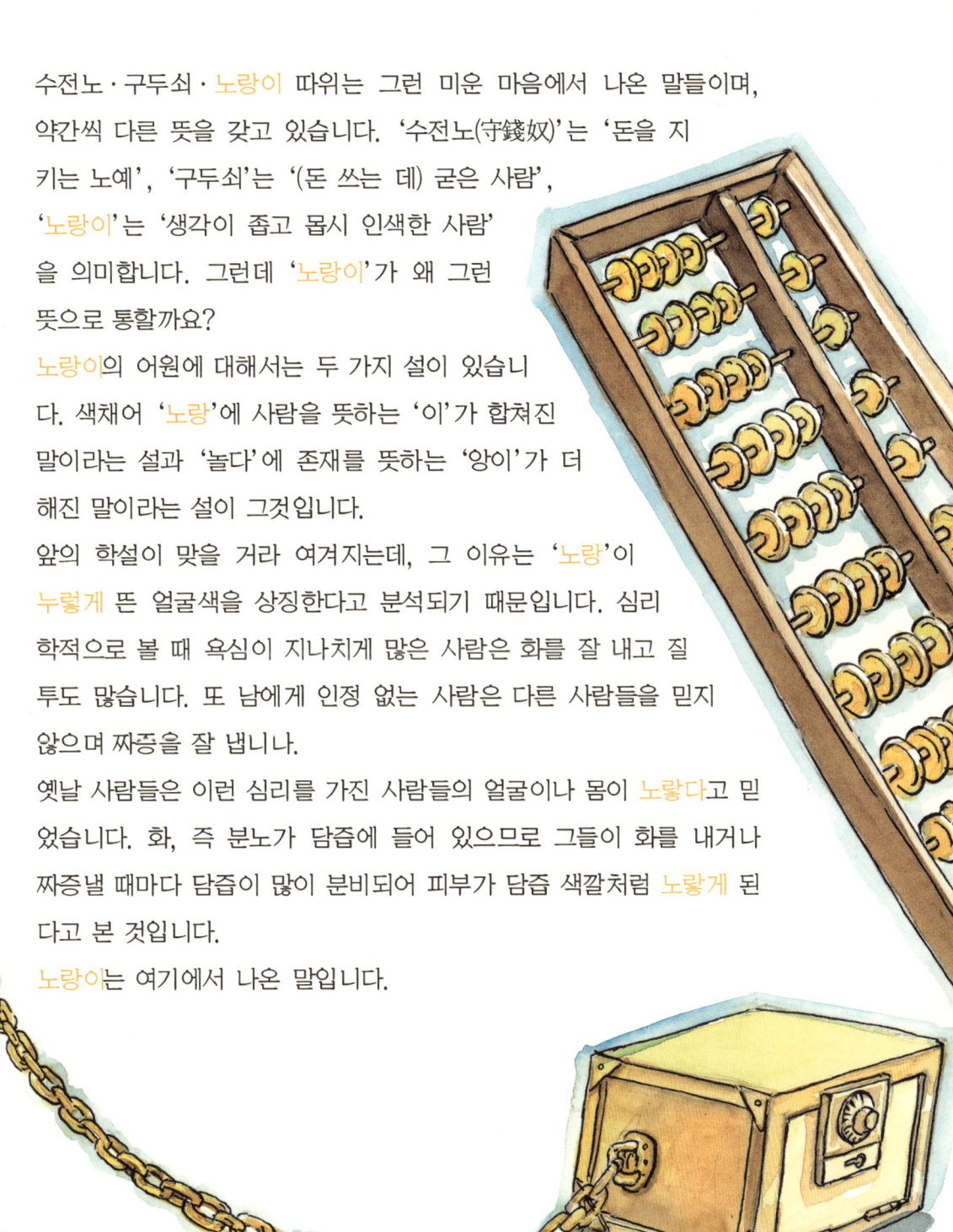

노랑·주황 23일째

'황소'는 누런 색깔의 소를 가리키는 말이 아니다

넓은 벌 동쪽 끝으로
옛 이야기 지줄대는 실개천이 휘돌아 나가고,
얼룩백이 황소가
해설피 금빛 게으른 울음을 우는 곳,
그 곳이 차마 꿈엔들 잊힐리야.

정지용 시인이 쓴 '향수'라는 시의 한 구절입니다.
그런데 여기서 '황소'란 어떤 소를 말할까요?
아마 여러분들 중에는 '몸빛이 노란 소'로 생각하는 사람이 적지 않겠지만 그런 뜻이 아니랍니다.
그럼 무슨 뜻일까요?

우리 나라에서 소의 모습은 삼국 시대 토우(土偶, 흙으로 만든 인형)에서 확인할 수 있으나 문헌상으로는 조선 시대인 15세기에 '쇼'라고 처음 표기했습니다.

또한 큰 몸집을 지닌 수소는 특별히 '한쇼'라고 했는데 한쇼의 '한'은 '큰'이라는 뜻을 나타내는 말입니다. 예컨대 15세기『용비어천가』내용 중에서 '싸호 한쇼 두 소내 자시며'라는 구절은 '싸우는 큰 수소를 두 손으로 잡으시며'라는 뜻입니다.

이 한쇼가 후에 '한소'로 표기되다가 '황소'로 바뀌었습니다. 우리 나라 소들이 대체로 누런 색깔을 지니고 있는 까닭에 많은 사람들이 '한'이 아니라 '노랑'을 뜻하는 '황'으로 잘못 오해한 데서 비롯된 것입니다. 국어사전에도 '황소'는 '큰 수소'라고 표기되어 있습니다.

요컨대 '한'은 '큰'이라는 뜻으로, '황소'는 색깔이 아니라 큰 수소를 뜻합니다.

노랑·주황 24일째

제2차 세계대전 때 유대 인은 왜 노란 육각형 별을 달아야 했나

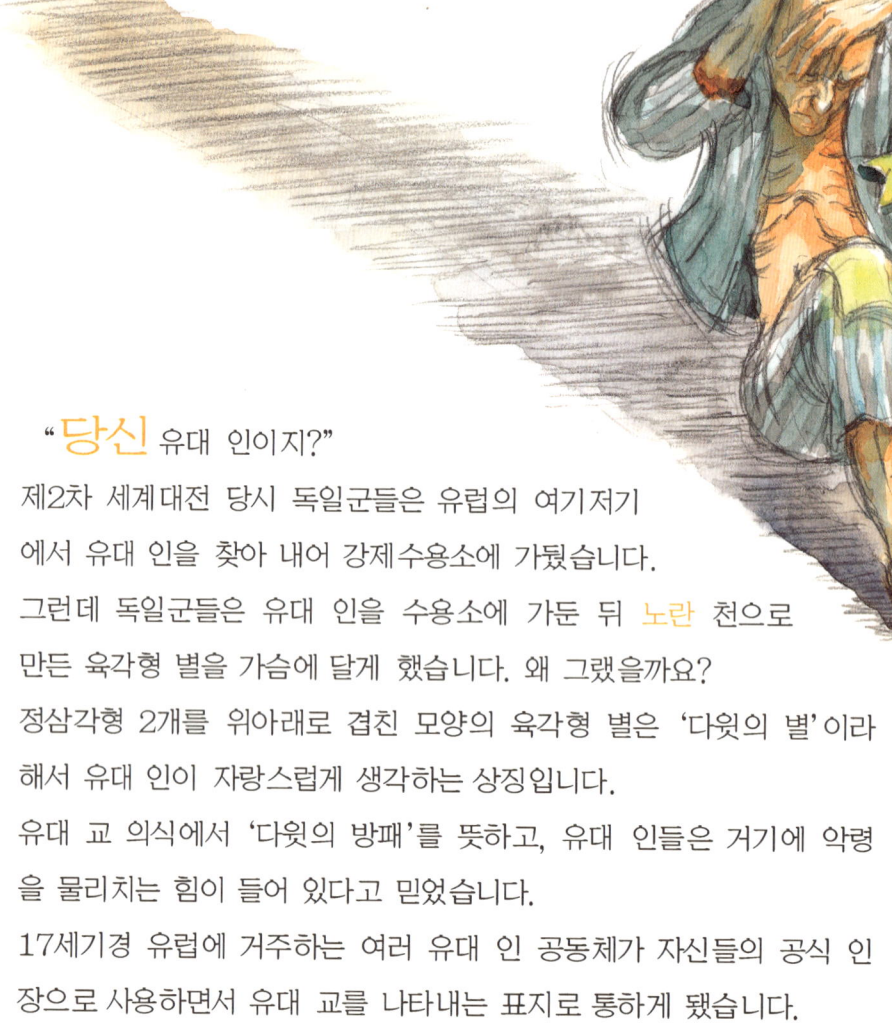

"**당신** 유대 인이지?"
제2차 세계대전 당시 독일군들은 유럽의 여기저기에서 유대 인을 찾아 내어 강제수용소에 가뒀습니다.
그런데 독일군들은 유대 인을 수용소에 가둔 뒤 노란 천으로 만든 육각형 별을 가슴에 달게 했습니다. 왜 그랬을까요?
정삼각형 2개를 위아래로 겹친 모양의 육각형 별은 '다윗의 별'이라 해서 유대 인이 자랑스럽게 생각하는 상징입니다.
유대 교 의식에서 '다윗의 방패'를 뜻하고, 유대 인들은 거기에 악령을 물리치는 힘이 들어 있다고 믿었습니다.
17세기경 유럽에 거주하는 여러 유대 인 공동체가 자신들의 공식 인장으로 사용하면서 유대 교를 나타내는 표지로 통하게 됐습니다.

이 무렵 '다윗의 별' 색깔은 성스러운 파랑이었습니다.

그러나 유럽 인들은 오랜 세월 유대 인을 미워하였고, 때로는 그들을 노란색으로 차별하기도 했습니다.

그 이유는 유대 인인 유다가 예수를 죽게 만들었다거나 유난히 돈만을 밝힌다는 등 다양하지만 근본적으로는 크리스트 교를 이단으로 여긴 데서 비롯된 것입니다. 유럽을 지배한 크리스트 교는 예수의 신적 가치를 부정하는 유대 교를 탐탁지 않게 여겼기에 유대 인을 나쁜 존재로 몰았습니다.

때문에 중세 시대에 유럽에 사는 유대 인들은 노란 모자를 쓰거나 노란 옷을 입도록 강요받았습니다. 색채 중에서 눈에 잘 띄는 노랑을 경고 표시로 사용한 것입니다. 이런 까닭에 노랑은 유럽에서 멸시의 색깔로 여겨지게 됐습니다.

20세기 중엽 정권을 잡은 히틀러는 유대 인을 세상에서 사라져야 할 민족이라고 공격했는데, 이는 유대 인의 경제력을 빼앗으면서 동시에 독일인들을 단결시키려는 음모였습니다. 이 때 히틀러는 유대 인들이 자랑스러워하는 다윗의 별을 이용하였습니다. 멸시의 색인 노란색으로 육각형 별을 만들어 달고 다니게 함으로써 모욕을 준 것입니다.

노랑·주황
25일째

왜 중국에서 노란색이 황제의 색으로 여겨질까

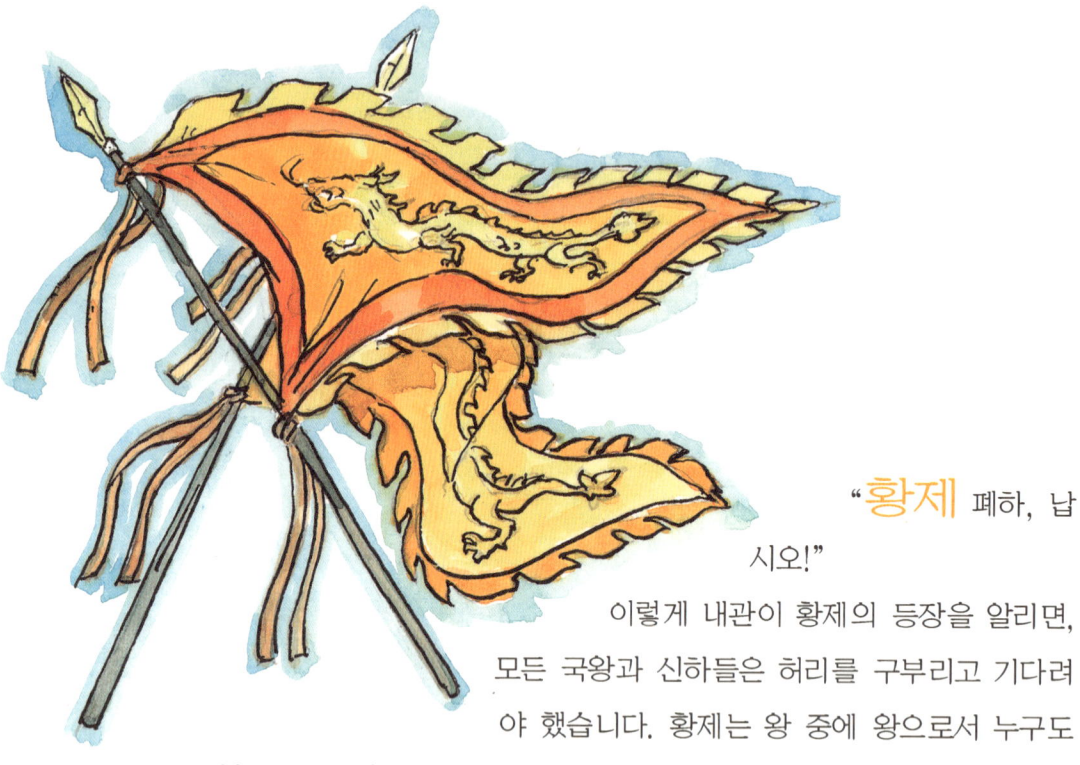

"**황제** 폐하, 납시오!"

이렇게 내관이 황제의 등장을 알리면, 모든 국왕과 신하들은 허리를 구부리고 기다려야 했습니다. 황제는 왕 중에 왕으로서 누구도 함부로 얼굴을 봐서는 안 될 존엄한 존재이기 때문입니다.

중국의 경우 땅이 넓은 까닭에 진나라 시황제 때부터 각 지역을 다스리는 왕을 두고, 황제는 그 왕들을 다스렸습니다.

그런데 중국 황제들은 대부분 노란 용이 그려진 노란 옷을 입었습니다. 왜 그랬을까요?

시황제는 붉은 옷을 황제의 옷으로 정했지만, 진나라가 멸망한 뒤 한

나라 때부터 황제의 옷 색깔이 달라졌습니다.

한나라 문제 때 태중대부라는 벼슬을 한 '가의'가 오행설을 바탕으로 새로운 제도를 건의하면서 황제의 옷이 노란색으로 된 것입니다.

시황제는 백성에게 강한 인상을 주기 위해 빨강을 택한 반면, 한나라 가의는 땅 색깔이 황제의 상징색깔이어야 한다고 생각했습니다. 왜냐하면 음양오행설에서 하늘은 검정, 땅은 노랑이고 방향에 있어서는 노랑이 가운데를 상징하기 때문입니다.

게다가 중국인들이 '노란 강물'이란 뜻의 황하 주변에서 노란 땅을 터전으로 농업문명을 일으킨 까닭에 노랑은 황제의 색으로 당연하게 여겨졌습니다.

다만 노랑 중에서 황금색에 가까운 노랑이 황제의 색으로 정해졌는데, 이는 화려하게 빛나는 황금처럼 영원한 존재임을 과시하기 위함이었습니다. 이후 여대 중국 황제들의 옷은 물론, 황제가 행차할 때도 황색 깃발과 황색 우산으로 황제의 존재를 알렸습니다.

황제의 색깔이 노랑 중에서 황금색인 이유가 여기에 있습니다.

노랑·주황 26·27일째

고흐는 왜 그렇게 그림에 노란색을 많이 썼을까

"이것 받아요."

"그게 뭔데요?"

남자가 준 신문지 뭉치를 받은 여자는 그 속에 들어 있는 걸 보고 깜짝 놀랐습니다. 신문지 속에 남자의 잘려진 귀가 있었기 때문입니다.

여자는 즉시 경찰에 신고했고, 남자는 체포되어 조사받는 과정에서 정신병에 걸린 화가임이 밝혀졌습니다. 이후 그 화가는 정신병 발작으로 고생하다가 몇 년 뒤 숨을 거두고 말았습니다.

그 화가의 이름은 '해바라기'로 유명한 고흐입니다.

그런데 고흐는 왜 해바라기를 주제로 한 그림을 10점 이상 그렸고, 다른 작품에도 노란색을 즐겨 사용했을까요?

어떤 사람은 '노란 달빛을 쐬면 미친다.'는 서양 미신에 바탕을 두고 고흐가 정신병 때문에 노란색을 좋아했다라고 말하지만 그건 사실이 아닙니다. 왜냐하면 고흐가 미치기 시작한 것은 제정신으로 '해바라기'를 그린 후의 일이기 때문입니다.

빈센트 반 고흐는 19세기 말엽 활약한 네덜란드 출신 화가입니다. 집안형편이 어려워 미술품 상점에서 점원으로 일하는 등 힘든 생활 속에서 그림을 그렸고, 프랑스 파리에서 인상파의 영향을 받아 본격적으로 작품 활동을 했습니다.

그렇지만 고흐는 1888년 2월 프랑스 남부 아를 지방으로 옮긴 뒤 비로소 자기 고유의 그림에 눈을 떴습니다.

당시 유럽 인들의 관심을 끌던 일본 전통화를 보고 단순한 아름다움을 배웠으며, 강렬한 태양을 보며 밝은 희망을 느꼈던 것입니다.

고흐 그림의 특징으로 설명되는 파도 같은 곡선과 점(點)으로 사물 모습을 나타낸 기법이 이 때 시도됐습니다.

이 무렵 고흐는 '해바라기'를 비롯해 '이를의 여인', '이젤 앞의 자화상' 등 불과 15개월 동안 200점 이상의 그림을 그렸는데, 동생에게 보낸 편지에서 자기 심정을 이렇게 밝혔습니다.

"이 곳에는 유황 같은 색이 사방에 널려 있고 태양이 사람을 취하게 한다. (중략) 아, 아름다운 노랑이여!"

그러나 그 곳의 행복한 생활은 오래 가지 못했습니다.

친구 폴 고갱과 다투고, 좋아하는 여자로부터 냉대를 받는 과정에서 미치고만 것입니다. 근본적으로는 가난한 생활에 따른 절망이 그를 정신병으로 몰았습니다. 결국 그는 정신착란을 일으킨 끝에 자살하고 말았습니다.

고흐는 죽은 뒤 높은 평가를 받았습니다.

살아 있을 때는 그의 그림이 단 한 점밖에 팔리지 않았지만, 죽은 뒤에 점으로 사물을 그린 기법과 특유의 노란색 표현이 작품성을 인정받은 것입니다.

고흐가 노란색에 집착한 이유는 노랑이 '따스한 햇빛의 밝은 희망'을 상징한 데 있습니다. 그리하여 고흐는 노랑과 주황을 바탕으로 하고 노란색의 여러 채도를 이용하여 많은 그림을 그렸습니다. 고흐는 심지어 자기가 살고 있는 아를의 집 외벽까지 노랗게 칠했습니다.

자기 현실은 물감조차 마음대로 살 수 없는 어려운 형편이지만 그림에서나마 밝은 행복을 꿈꾼 셈입니다.

따라서 고흐의 노랑은 '태양의 빛'을 상징합니다. 또한 '해바라기'는 '선플라워(sun flower)'라는 이름에서 알 수 있듯 '태양의 꽃'이므로, 고흐는 해바라기를 즐겨 작품 소재로 삼은 것입니다.

다른 주장에 의하면, 고흐가 시신경 손상에 따른 황시증(黃視症) 때문에 노랑을 즐겨 썼다고도 합니다.

당시 유럽에는 압생트라는 술이 유행했는데 고흐 역시 압생트를 자주 마셨습니다. 문제는 압생트 재료 중 하나인 아브신트쑥이 환각작용을 일으키고 정신을 황폐하게 만드는 부작용이 있었다는 것입니다.

테레빈이라는 물질이 시신경을 상하게 하여 물체를 노란색으로 인식하게 만드는 황시증은 그런 부작용의 하나로서, 고흐는 술을 마신 뒤 환상으로 보이는 노란색을 좋아했다고 합니다.

압생트는 1915년 프랑스에서 제조가 금지되었지만, 고흐 생전에는 그런 부작용을 몰랐던 것입니다.

노랑·주황 28일째

전화번호부는 표지색이 파란데, 왜 '옐로 북'이라고 불릴까

전화번호부 책 표지를 보면 대부분 노란색이거나 파란색입니다. 그런데 왜 전화번호부를 영어로 '옐로 북' 혹은 '옐로 페이지'라고 할까요?

1876년 미국에서 처음 개통된 전화는 무척 신기하고 편리했기 때문에 사람들의 관심을 단번에 끌면서 빠른 속도로 퍼졌습니다.

그러나 전화기나 이용료가 비쌌기 때문에 초기에는 부잣집이나 큰 상점에만 전화가 설치되었습니다.

미국 동부에 있는 코네티컷 주의 뉴 헤이븐에서는 1878년 가입자 50명의 이름이 있는 세계 최초의 전화번호부가 만들어졌고, 전화번호부는 전화의 이용 가치를 높여 주면서 전화 보급률을 늘리는 데 큰 역할을 했습니다. 그리하여 한 해가 지나기 무섭게 전화 사용자가 늘어남에 따라 해마다 전화번호부를 다시 찍었습니다.

그런데 초기의 전화번호부는 노란색과 아무 관련 없는 흰 종이에 인쇄되었습니다. 그러던 1883년의 어느 날, 전화번호부를 찍던 인쇄소에서 흰 종이가 모두 바닥나면서 문제가 생겼습니다. 다음 날 책을 발송해야 하는 상황에서 몇 시간 안에 흰 종이를 구할 수 없자, 인쇄소 사장은 노란 종이에 인쇄하기로 결심했습니다.

노란 종이로 찍어야 할 남은 부분이 마침 상점 이름들이어서 이미 흰 종이에 인쇄한 사람 이름들과 구별되기도 하니 그렇게 한 것입니다. 그런데 뜻밖에도 이 전화번호부에 대한 반응이 좋았습니다.

이 일이 있은 뒤에는 아예 사람 이름을 흰 종이에 인쇄하고, 상점 이름들을 노란 종이에 인쇄하게 되었습니다.

이런 까닭에 '화이트 페이지(white pages)'는 '인명 전화번호', '옐로 페이지(yellow pages)'는 '업종별 전화번호'를 뜻하고 있습니다. 또한 노랑의 이미지가 워낙 강해서 전화번호부 책을 '옐로 페이지' 혹은 '옐로 북(yellow book)'이라 말하게 됐습니다.

노랑·주황
29일째

노란 리본이 기다림과 환영을 상징하게 된 사연

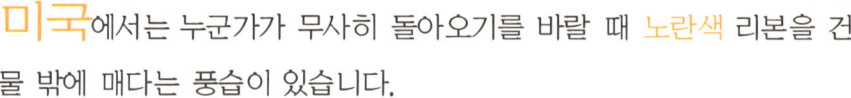

미국에서는 누군가가 무사히 돌아오기를 바랄 때 노란색 리본을 건물 밖에 매다는 풍습이 있습니다.

최근에는 이라크 전쟁에 나간 병사들의 무사귀환을 바라는 뜻으로, 리본 모양의 노란 스티커를 자동차에 붙이고 다니는 사람들을 미국에서 많이 볼 수 있습니다. 왜 그럴까요?

여기에는 애틋한 사연이 있습니다.

20세기 중엽 미국 뉴욕의 브루클린 교도소에서 형기를 마치고 나온 젊은이가 있었는데, 그는 나오기 직전에 사랑하는 여인에게 다음과 같은 내용의 편지를 썼습니다.

"벌써 3년이라는 세월이 흘렀지만 나는 여전히 당신을 사랑합니다. 그래서 감옥에서 나가게 되면 누구보다도 당신을 가장 먼저 보고 싶

습니다. 그러나 당신에게 부담을 주고 싶지는 않습니다. 만약 당신이 아직도 나를 사랑하고 있다면, 당신 집 앞을 지나가는 버스 안에서 볼 수 있도록 집 앞 오래된 떡갈나무에 노란 리본 하나를 매어 주기 바랍니다. 만약 노란 리본이 보이지 않으면 당신이 더 이상 나를 원하지 않는 것으로 여기고 버스에서 내리지 않고 그냥 지나가겠습니다."

젊은이는 목적지에 가까이 다가갈수록 초조한 마음이 되어 도무지 창 밖을 보지 못했습니다. 그러다가 드디어 목적지에 다다른 순간 용기를 내어 떡갈나무를 보았는데, 노란 리본이 하나가 아니라 100여 개나 걸려 온통 나무를 덮고 있었습니다. 젊은이가 감동했음은 물론입니다. 이 실화가 너무나 감동적이기에 1973년 "떡갈나무에 노란 리본을 매달아라(Tie a yellow ribbon round the ole oak tree)"는 팝송까지 만들어져 크게 인기를 얻었고, 이후 노란 리본은 집을 떠나 험한 곳(감옥, 전쟁터 등)에 간 가족이나 연인이 무사히 돌아오기를 바라는 '기다림과 환영'을 상징하게 됐답니다.

자동차에 붙이는 노란 리본 스티커는 그 달라진 모양입니다.

노랑·주황
30일째

왜 스쿨 버스는 모두 노란색일까

어린이들을 태우고 다니는 스쿨(school, 학교) 버스나 유치원 버스를 보면 노란색으로 칠해져 있습니다. 또한 어린이 장난감을 보면 초록·빨강·파랑 등 원색이 대부분이며, 특히 노란색 장난감이 많음을 쉽게 알 수 있습니다. 왜 그럴까요?

일반적으로 갓난아이는 노란색에 대한 반응이 빠릅니다.

색채심리학자들의 말에 따르면 노란색은 욕구불만을 나타냅니다. 또 노란색은 불안의 색이라고 합니다. 즉, 아기들은 심리적으로 안정적이지 못한 상태이기 때문에 노란색에 빠른 반응을 보이는 것입니다.

한편으로 아이들은 노란색에 익숙해지면 편안한 느낌을 갖습니다.

그래서 아이들은 노란색 물체를 가지고 놀기를 좋아합니다. 유아용 장난감에 노란색이 많은 이유가 여기에 있습니다.

하지만 어린이로 성장하면서 노란색에 대한 열광이 사라지기 시작하며, 커 갈수록 붉은색과 파란색을 좋아하게 됩니다.

노란색은 시간이 지날수록 지루함과 불안감을 안겨 주기 때문에 점차 성인이 되면서 노란색을 피하게 되는 것입니다.

여러 학자들이 조사한 결과를 보면, 성인의 경우 파란색 선호도가 높습니다. 성인이 되면 파장이 긴 색보다 파장이 짧은 색을 훨씬 더 좋아하게 되기 때문입니다.

이런저런 이유로 노란색은 아이들을 상징하는 색으로 여겨지고, 아이와 관련된 스쿨 버스를 노란색으로 칠하게 됐습니다.

노란색은 멀리서 가장 눈에 잘 띄는 색이므로, 다른 사람들이 빨리 알아보고 주의하게 만드는 효과도 있습니다.

같은 이유에서 미국에서는 택시를 노란색으로 칠하고 있습니다. 손님들이 빨리 알아보고 이용하도록 하기 위함입니다. 때문에 미국 뉴욕의 택시를 흔히 '옐로 캡(yellow cab)'이라고도 합니다.

노랑·주황 31일째

왜 형광펜에 노란색이 가장 많고, 글자와 겹쳐도 잘 보일까

"형광펜이 너무 많아서 어지럽네."

친구에게 공책을 잠시 빌려 보던 학생이 한 말입니다. 중요한 걸 강조하기 위해 형광펜을 칠했는데 너무 많이 칠해서 오히려 효과가 없었던 모양입니다.

사람들은 책이나 공책을 볼 때 중요한 단어에 형광펜을 칠하곤 합니다. 아마도 형광펜은 공부하는 학생들의 필수품일 것입니다.

그런데 형광펜을 보면 노란색이 대부분입니다. 요즘에는 초록이나 분홍, 파랑도 있지만 초기에는 노란색뿐이었습니다.

색깔이 다양해진 오늘날에도 노랑이 많이 사용됩니다.

왜 그럴까요?

일반적으로 필기구에 사용되는 검정, 빨강, 파랑 잉크는 백색 광선을 흡수하면서 각각 고유의 광선을 내뿜고, 이 광선을 사람이 색깔로 느끼게 됩니다. 하지만 형광펜의 잉크는 고유한 색깔 파장을 일으킴은 물론, 긴 파장의 광선을 추가로 내뿜음으로써 사람 눈에 매우 밝고 강한 색깔로 느껴집니다.

그렇지만 모든 색이 비슷한 느낌의 발광 현상을 나타내지는 않습니다. 파랑은 파장이 짧아 형광색으로 어울리지 않으며, 파장이 긴 노랑과 초록이 눈에 잘 띕니다.

특히 노랑은 검정과 대비되는 색깔이기에 형광펜으로 적합합니다. 다시 말해 검정색 활자를 돋보이게 하려면 노란색을 칠해야 가장 주목성이 크므로 노랑이 형광펜의 주류를 이루는 것입니다.

따라서 여러 색깔의 형광펜을 한 데 묶어 파는 경우가 있지만 실제 쓸모를 생각하면 노랑과 초록만이 쓸모 있습니다.

한편, 글의 줄과 줄 사이나 여백에 작은 글씨를 쓰려면 어떤 색이 좋을까요? 이 경우에는 초록이 좋습니다. 사람의 눈이 민감하게 반응할 뿐만 아니라 눈의 피로를 덜어 주기 때문입니다.

노랑·주황
32일째

흰 우유로 만든 버터는 왜 노란색일까

"엄마, 버터는 무엇으로 만드나요?"
"우유로 만들지."
"그렇다면 우유는 흰색인데 버터는 왜 노란색이에요?"
아주 오랜 옛날부터 인류는 우유로 버터를 만들 줄 알았습니다.
주로 목축을 하는 지역에서 버터를 만들었는데, 소를 많이 기른 유럽 알프스 북쪽 지역 사람들이 버터를 즐겼습니다. '버터'는 우유 중의 지방을 분리하여 크림을 만들고, 이것을 세게 휘저어 엉기게 한 다음 응고시킨 영양식품입니다.
그런데 색깔로 볼 때 버터에는 흰 것과 노란 것 두 가지가 있습니다. 버터 색깔이 다른 이유는 제조방법의 차이에 있는 게 아니라 원유에 있습니다. 구체적으로 말하면 젖소가 뜯어 먹는 풀과 관계가 있습니

다. 소는 여름철에 싱싱한 초록색 풀을 뜯어 먹고 삽니다. 그러나 겨울에는 초록색 풀이 없기에 여름에 베어 말린 풀을 먹습니다. 묘하게도 초록색 풀을 먹은 젖소에서 나온 우유로 만든 버터는 노란색이고, 겨울에 말린 풀을 먹은 젖소에서 나온 우유로 만든 버터는 흰색이 됩니다. 거기에는 분명한 이유가 있습니다.

초록색 풀에는 '카로틴'이라는 성분이 많이 들어 있는데, 바로 이 카로틴이 노란색을 만드는 색소입니다. 그래서 여름에 풀을 뜯어 먹은 젖소의 버터는 자연히 노란색으로 만들어집니다. 이에 비해 말린 풀에는 카로틴 성분이 거의 없으므로 그 풀을 먹은 젖소의 우유로 만든 버터는 흰색이 됩니다. 그러나 버터 색깔이 노랗거나 희거나 간에 영양분의 차이는 전혀 없다고 합니다.

한편, 자외선으로 검사하면 버터는 형광작용을 일으켜 마가린과 달리 노란색으로 빛납니다. 버터에 마가린이 15%만 섞여도 바로 알아 낼 수 있다고 하니, 인공으로 만든 것과 자연 섭리에 따른 식품에는 아직도 차이가 많은 셈입니다.

노랑·주황
33·34일째

네덜란드 축구팀 별명이 왜 '오렌지 군단'일까

"드디어 오렌지군단이 실력을 발휘하는군요."
"무적함대의 기술도 대단하지만 오렌지군단 특유의 전술이 돋보입니다."

국제 축구 경기를 텔레비전 중계방송으로 보다 보면 몇몇 나라는 상징적인 이름이 습관적으로 쓰임을 알 수 있습니다.

예컨대 스페인은 '무적함대', 독일은 '전차군단', 노르웨이는 '바이킹의 후예', 터키는 '투르크전사', 이탈리아는 '아주리군단', 프랑스는 '뢰블레군단'으로 불리는 게 그렇습니다.

스페인, 독일, 노르웨이는 역사적 사실과 관계 있고, 이탈리아와 프랑스는 '파란색'을 뜻하는 자기 나라말입니다. 그렇다면 네덜란드 축구팀을 일컫는 '오렌지군단'의 유래는 무엇일까요?

'주황(朱黃)'은 빨강과 노랑의 중간색을 뜻하는 말입니다. 영어로는 '오렌지'라고 하는데 여기에는 다음과 같은 유래가 있습니다.

과일 오렌지는 인도가 원산지로 페르시아 상인을 통해 아라비아로 건너와서 유럽에 전해졌습니다. 원래 이름은 '나랑'이었으나 프랑스 어 '로랑쥬'를 거쳐 영어로 '오렌지'가 된 것입니다.

그렇다면 왜 오렌지가 네덜란드의 상징색이 됐을까요? 거기에는 두 가지 설이 있습니다.

하나는 네덜란드에서 '나라의 아버지'로 존경받는 빌렘 오라녜 공(公) 이름에서 유래됐다는 것입니다. 1544년 프랑스 남동쪽에 자리 잡은 나사우 백작이 빌렘 1세로 오라녜 공이 된 이후 반란을 일으켜 4개 주를 다스렸습니다. 그는 에스파냐에 대항하여 네덜란드의 반란을 이끌었고 네덜란드는 1648년 해방되었으며, 뒤를 이어 빌렘 2세가 네덜란드를 다스리게 되었습니다. 이후 오라녜 공이라는 칭호는 왕위 계승권자에 붙어다녔는데, '오라녜'는 영어 '오렌지'에 대응하는 네덜란드 어입니다. 요컨대 오렌지가 나라를 건국한 가문(House of Orange)의 색깔이어서 네덜란드의 상징색이 됐다는 것입니다.

다른 하나는 네덜란드 국기에서 유래됐다는 설입니다.

네덜란드 국기는 빨강, 하양, 파랑 3색으로 구성됐는데 옛날에는 빨강이 금방 바랬다고 합니다. 물건을 실은 배에 삼색기를 달고 다니면 바닷바람으로 인해 빨강이 오렌지색으로 바래고, 때문에 다른 나라 사람들이 오렌지를 네덜란드를 상징하는 색으로 알게 됐다는 것입니다.

어느 설이 옳든 간에 오렌지는 네덜란드 인들에게 매우 중요한 상징으로 여겨집니다. 국기에 있는 '빨강'을 '주황'으로 부를 정도이지요. 오라녜 가문에 대한 존경심이 그렇게 만든 것입니다. 그렇지만 네덜란드 축구팀이 오렌지군단으로 불린 데에는 또다른 사건이 있습니다.

1974년의 일입니다. 당시 서독(독일)에서 월드컵 경기가 벌어졌는데 네덜란드 팀은 이전에 볼 수 없었던 새로운 전술로 계속 승리를 거두어 결승에까지 올랐습니다.

"놀라운 전술입니다. 선수들이 마치 톱니바퀴처럼 움직이니 말입니다."

그 때 네덜란드 축구 선수들의 움직임은 정말 그랬습니다.

네덜란드의 축구 영웅 요한 크루이프를 주축으로 모든 선수들이 함께 공격을 하고 또 동시에 수비를 하는 '토털 사커(전원 축구)'를 선보인 것입니다.

상대팀 선수가 공을 잡으면 여러 선수가 동시에 수비하고, 자기팀 선수가 공을 잡으면 순간적으로 모든 선수가 공격수가 되기도 하는 등 그야말로 잘 돌아가는 톱니바퀴 같았습니다.

네덜란드는 비록 결승에서 서독에게 패해 준우승을 했지만, 이후 많은 나라가 토털 사커를 연구하거나 따라 하는 등 축구 역사에 큰 발자취를 남겼습니다.

또한 네덜란드 축구팀의 인상적인 활약에 힘입어 '오렌지군단'이라는 별명이 널리 퍼졌습니다. 선수들 옷 색깔이 본래부터 오렌지였지만 세계적으로 유명해진 건 이 때부터의 일인 것입니다.

한편 2002년 히딩크 감독이 한국 팀을 지휘할 때 시도한 전술도 전형적인 네덜란드식 토털 사커랍니다.

노랑·주황
35일째

티베트 불교의 달라이라마는 왜 주황색 옷을 입고 있을까

달라이라마는 티베트 불교의 최고 승려입니다. '달라이'는 몽골 어로 '바다'를, '라마'는 티베트 어로 '스승'을 뜻하며, 한 사람의 달라이라마가 죽을 무렵 태어난 아이 중에서 한 명을 골라 대를 잇습니다. 말하자면 달라이라마는 계속해서 태어나는 살아 있는 부처인 셈입니다.
그런데 달라이라마를 비롯해 티베트 불교 승려의 옷을 보면 주황색입니다. 우리 나라 스님들의 옷 색깔인 회색과 비교되는 색입니다.
왜 그럴까요? 그 유래는 고대 인도로 거슬러 올라갑니다. 일찍이 갠지스 강 유역에 터를 잡은 인도인들은 햇볕에 그을린 자신들의 피부색을 자랑스럽게 생각했으며, '사프란'이라는 식물로 염색한 주황색을 그 상징색으로 삼았습니다. 그래서 신의 모습을 그릴 때 피부색을 빛나는 주황으로 칠했습니다.

불교는 인도에서 발생했는데, 불교 승려들 역시 사프란 염료인 주황을 옷의 색깔로 삼았습니다. 이 때의 주황은 최고의 완벽한 상태를 뜻하는 깨달음의 색인 동시에 일반 세상에서 벗어난 상태를 뜻했습니다.

심리학적으로도 빨강과 노랑을 섞어서 만드는 주황은 활기 넘치는 힘을 연상시키기 때문에 변화를 상징합니다. 깨달음이 변화의 마지막 단계라는 점을 생각하면, 주황색은 수행을 통해 깨달음을 얻는 불교의 색깔로 어울립니다.

이런 까닭에 인도는 물론 태국, 중국, 티베트 등에서 주황색은 불교 승려의 옷 색깔로 이용되고 있는 것입니다. 특히 태국이나 티베트에서 승려는 매우 높은 신분으로 대우받으므로, 다른 지역보다 훨씬 강한 느낌을 주는 밝은 주황색 옷을 입고 있습니다.

제 3장
연두·초록·청록

연두·초록·청록
36일째

왜 외과의사는 수술할 때 초록색 가운을 입을까

수술하기 전에 왜 마취를 할까요?
그건 칼로 살을 베면 너무나 아파서 누구라도 몸부림치기 때문에 환자가 의식을 잃은 상태에서 수술하기 위해서입니다.

역사상 최초로 마취술을 사용한 사람은 누구일까요? 기원전 200년경 중국 삼국 시대에 활동한 의사 화타가 그 주인공입니다. 화타는 당시 '마비산'이란 마취약을 만들어 환자에게 먹게 한 뒤 뼈를 깎아 내는 수술을 했다고 합니다. 의학기술이 발달한 현대에는 주로 주사로 환자에게 마취약을 주입합니다. 먹는 약보다 훨씬 빨리 몸에 퍼지기 때문이지요. 그런데 병원에서 의사들은 평상시에는 흰 가운을 입지만, 수술할 때 외과의사는 대개 초록색 가운을 입습니다. 왜 그럴까요?

20세기 초까지만 해도 의사들은 깨끗하고 청결한 인상을 주는 하얀색 옷을 입었습니다. 그런데 1914년의 어느 날, 미국의 한 외과의사가 하얀 옷에 묻은 빨간 피가 눈에 너무 잘 띄어 사람을 오싹하게 만든다고 생각해서 다른 색깔의 수술복을 입었습니다. 그 때 고른 색이 초록색이었는데 빨간 피가 흐릿하게 보여서 덜 섬뜩했습니다.

그 후 제2차 세계대전이 끝날 무렵 수술실 조명이 더 좋아짐에 따라 흰 옷에 묻은 피가 잘 보여 의사의 수술복 색깔이 초록색으로 바뀌었습니다.

그렇다면 왜 초록색이 흰색보다 나을까요? 그 요인은 보색 잔상에 있습니다. '보색 잔상'이란 자극 대상을 일정 시간 바라본 다음 눈을 감거나 다른 장소로 눈길을 돌렸을 때 생기는 시각적 효과를 말하며, 그 색과 보색 관계인 색이 시야에 나타나게 됩니다.

초록색은 빨간색의 보색이므로, 빨간 잔상을 느끼지 못하도록 초록색 수술복을 입는 것입니다. 초록색 옷에 피가 묻으면 갈색으로 보이기 때문에 덜 놀라기도 하고, 초록색은 사람의 마음을 안정시켜 주기도 합니다.

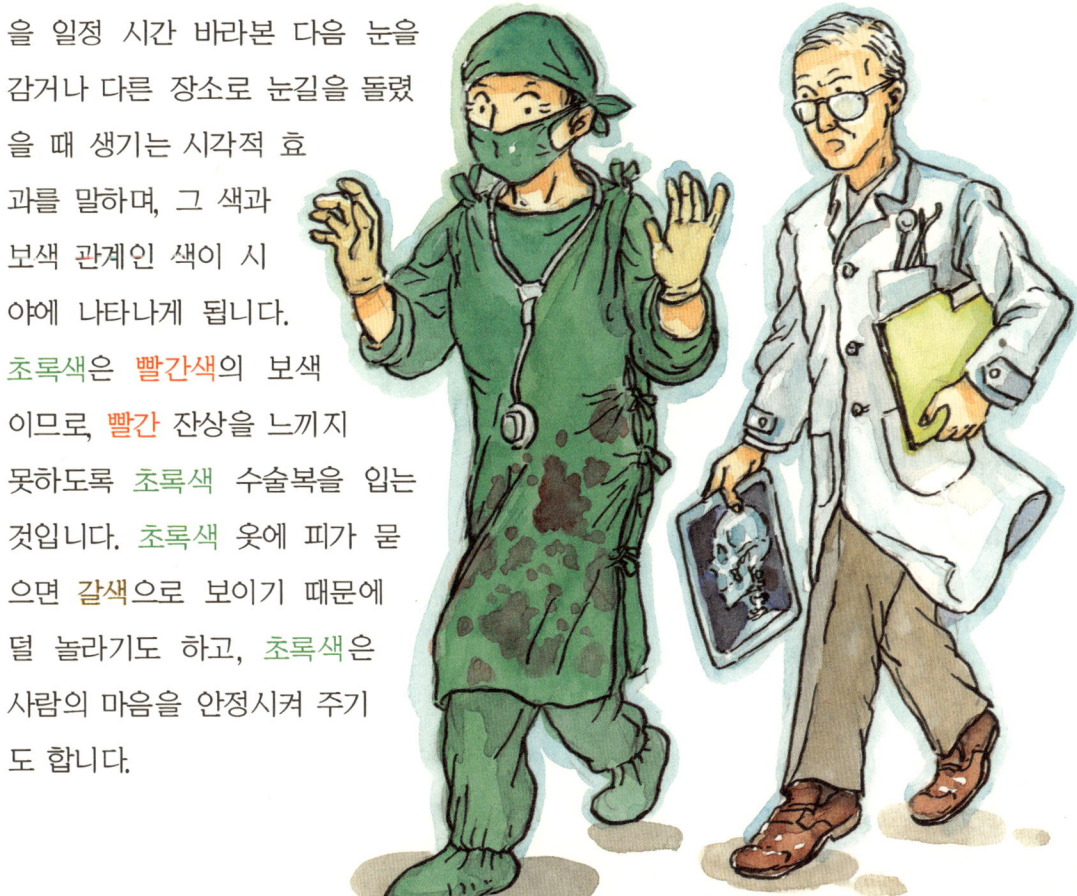

연두·초록·청록 37일째

이슬람 문화권 국기에는 왜 초록색이 많을까

"정부도 의회도 필요 없다. 리비아는 이슬람 교를 바탕으로 모든 사람들이 직접 지배하는 나라다."

1969년 9월 1일, 무아마르 카다피가 군사혁명을 일으켜 군주제를 폐지하고 공화제를 세우면서 선언한 말입니다.

카다피는 자신의 말을 강조하기 위해 사각형 안에 아무 무늬도 없이 단지 초록색만 칠해져 있는 리비아 국기를 만들었는데, 이는 이슬람에 충실한 국가임을 뜻합니다. 초록색이 이슬람의 상징색이기 때문이지요. 리비아뿐만 아니라 사우디아라비아, 아랍에미리트, 알제리, 오만,

이란 등 대부분의 이슬람 국가들도 국기에 초록색을 사용하고 있습니다. 왜 초록색이 이슬람을 상징할까요?

초록색은 이슬람의 예언자 마호메트가 가장 좋아했던 색입니다. 마호메트는 초록색 옷을 입고 초록색 터번을 머리에 둘렀습니다. 또한 마호메트는 알라의 가르침을 충실히 따른 사람은 죽은 뒤 천국에 간다고 말했습니다. 누군가 마호메트에게 물었습니다.

"천국은 어떤 곳인가요?"

"그 곳은 꽃 피는 초원과 그늘진 숲이 있는 영원한 오아시스이니라."

이런 까닭에 초록색은 이슬람 천국의 색으로 여겨졌습니다.

그런데 마호메트는 단순히 개인적 취향으로 초록색을 강조한 게 아닙니다. 이슬람 인들이 사는 지역은 대부분 사막 지대로서, 초록색 오아시스는 생명을 보존해 주는 소중한 장소입니다. 따라서 초록색은 사막 지대에 사는 사람들에게 생명의 색이며, 식물·풍요·생명을 상징합니다.

마호메트는 그런 지역적 특성을 생각하여 초록색을 이슬람의 상징색으로 삼았고, 이슬람 문화권에서는 신성한 마호메트의 말씀을 받들어 이슬람 색채로 숲의 색인 초록색을 주로 쓰며, 물의 색인 파란색을 더불어 같이 사용하고 있습니다.

연두·초록·청록
38일째

북극에 있는 세계 최대 섬 그린란드는 정말 초록 땅일까

세계 지도를 보고 있던 아이가 엄마에게 묻습니다.

"그린란드라는 큰 섬은 북극에 있는데, 그 이름처럼 땅이 정말 초록색인가요?"

"아마 그럴걸."

만약 그렇다고 대답했다면, 그건 잘못 가르쳐 준 것입니다. 실제로는 그렇지 않으니까요. 그렇다면 어떤 이유로 '푸른 땅'이라는 뜻의 '그린란드(Greenland)'로 이름지어졌을까요?

그린란드는 북극해와 대서양 사이에 있는 세계 최대의 섬입니다. 땅 크기가 한반도 총면적(약 221,000 ㎢)보다 열 배나 큰 216만

6086㎢에 달하지만, 섬 전체의 80% 이상이 얼음으로 뒤덮여 있고 눈이 자주 내리는 지역입니다. 연평균 기온이 북쪽 기준으로 영하 23℃일 정도로 춥고, 바다에는 빙산이 둥둥 떠다닙니다. 그리고 5만 명 정도 되는 사람들은 연평균 기온이 0℃를 조금 넘는 남서안 지방에 모여 살고 있습니다.

이 지역에는 본래 에스키모 사람들이 터를 잡고 살았습니다. 그러다가 982년 노르웨이 인 에리크가 이 섬을 발견하고 '그린란드'라고 이름 붙인 뒤 유럽 인들이 건너와 살기 시작했습니다. 1261년 노르웨이 땅이 되었으나 1814년 덴마크 땅으로 바뀌었습니다. 그래서 그런지 이 섬에는 혼혈인이 많습니다.

그런데 '그린란드'라는 이름은 속임수였습니다. 에리크가 이 섬에 사람들을 이주시키기 위해 식물을 뜻하는 그린(green)이라는 말을 일부러 넣었기 때문입니다. 하지만 이 섬의 역사가 오랜 세월 평화로운 걸 보면 그린란드가 그리 어색하지만은 않습니다. 초록색은 평화의 색이기도 하니까요.

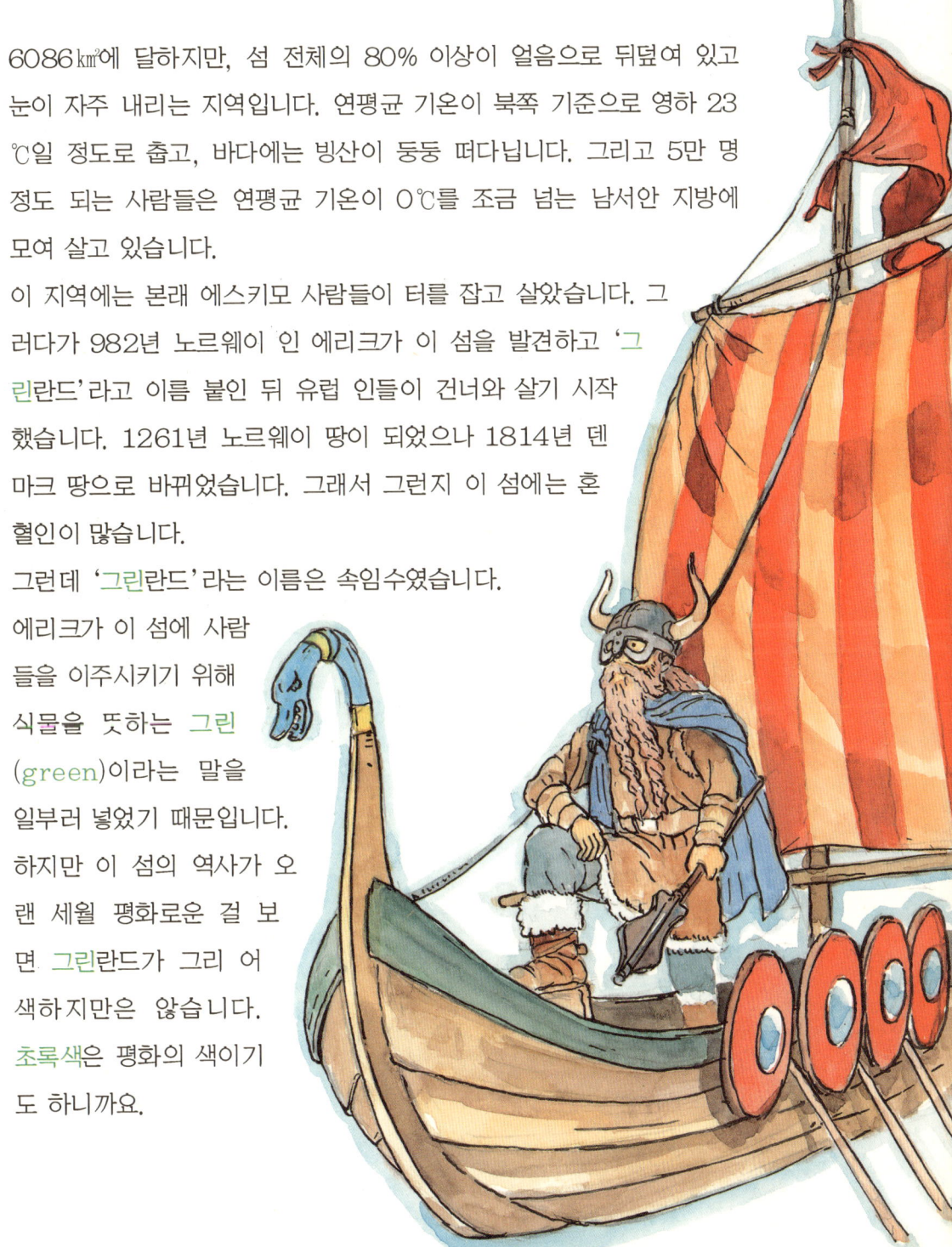

연두·초록·청록
39일째

지폐에는 왜 초록이 많을까

미국의 1달러나 10달러 지폐를 보면 앞면은 진한 청색이지만 뒷면은 모두 진한 초록입니다.
일본의 지폐도 초록을 많이 쓰고 있고, 우리 나라 일만 원 지폐도 초록입니다. 그래서 만 원 한 장을 농담 삼아 '배춧잎 한 장'이라고도 말합니다. 뿐만 아니라 세계적으로 지폐 색깔은 초록인 경우가 많습니다. 왜 그럴까요?
미국의 달러 지폐를 일반적으로 '그린백(GreenBack)'으로 부릅니다. 이는 미국 대통령 링컨이 지폐를 만들 때, 다른 개별 은행들과 달리 하기 위해 초록색으로 인쇄되어 붙여진 이름입니다.

미국이 1928년 지금의 지폐 디자인을 결정할 때 뒷면 색깔을 초록으로 정한 것은 초록 잉크의 확보와 화학적인 특성을 감안한 조치였습니다. 그 무렵 초록 잉크는 다른 잉크에 비해 싼 가격에 대량 구입이 가능하고, 초록이 다른 색에 비하여 화학적으로 안정되어 내구성이 강했기 때문입니다. 또한 초록은 인쇄 효과도 좋고, 심리적으로 안정감을 주는 색이어서 지폐 색깔로 적합했습니다.

한편으로 초록 잉크는 당시 지폐를 사진 위조하여 통화질서를 어지럽히고 있던 위조지폐를 막는 예방법이기도 했습니다.

요즘에는 위조기술이 발달하여 초록 잉크의 효과가 예전 같지 않지만, 당시에는 지폐를 사진으로 찍으면 색상이 조금 달라져서 위조지폐를 어느 정도 막을 수 있었습니다.

우리 나라는 광복 이후 미국 달러 지폐의 영향을 받아 지폐를 발행했습니다.

2005년 지금도 1만 원의 주된 색깔은 초록이며, 5천 원과 1천 원은 구별하기 위해 색상을 달리 하고 있습니다.

연두·초록·청록
40일째

왜 중국인들은 초록 두건을 부끄럽게 여겼을까

"**저 사람** 좀 봐. **초록** 두건을 쓰고 있어."
"쯧쯧쯧, 부끄러운 줄 모르고 거리를 돌아다니네."
"그러게 말이야. 나 같으면 창피해서 집에 가만히 있을 텐데."

중국 당나라 때에 초록 두건을 쓰고 다니는 사람은 놀림을 받았습니다. 왜 그랬을까요?

거기에는 사연이 있습니다. 당나라 때 연릉 지역에 장관으로 부임한 이봉은 범죄가 끊이지 않는다는 보고를 받고 묘책을 내놓았습니다. 그 때까지 죄인에게는 곤장을 때렸는데, 그 곤장을 없애고 다른 방법의 벌을 내린 것입니다.

"앞으로 죄인은 밖에 돌아다닐 때 머리에 **초록** 두건을 쓰도록 하라!"

이봉은 곤장이 효과 없음을 느끼고 명예(혹은 자존심)를 자극하는 방법을 택한 것입니다. 이에 따라 죄인들은 죄의 무겁고 가벼움에 비례하여 해당되는 날짜만큼 외출할 때 초록 두건을 써야 했습니다. 결과는 어찌 됐을까요? 놀랍게도 효과가 좋았습니다. 매맞는 것은 잠깐일 뿐만 아니라 일부 사람만 알 수 있는 일이지만, 초록 두건을 쓰고 돌아다니는 것은 공개적인 망신이었기 때문입니다. 그리하여 초록 두건은 수치의 상징으로 여겨졌고, 죄를 짓는 사람이 많이 줄어들었다고 합니다.

그 후 4백 년쯤 뒤인 원나라 시대에도 초록 두건은 좋지 않은 상징으로 쓰였습니다. 당시 정부에서 술집 경영자를 천한 직업으로 여겨서 보통 시민으로 대우하지 않고 초록 두건으로 직업을 나타내도록 한 것입니다. 그런 까닭에 술집 경영자들은 되도록 밖에 나가지 않았으나, 할 수 없이 밖에 나갈 때는 수치스러운 모욕을 받아들여야 했습니다. 초록 두건은 죄인에 대한 '벌'은 아니지만 못난 사람에 대한 '차별'인 셈이었습니다. 이런 까닭에 오늘날에도 중국인들은 초록 두건 쓰기를 꺼리고 있습니다.

연두·초록·청록
41·42일째

나무가 좋아하는 색은 초록이 아니다

나무는 대체로 두 가지 색을 기본으로 지니고 있습니다. 몸체를 이루는 황갈색과 나뭇잎에 나타나는 초록이 그것입니다. 때문에 사람들은 나무를 떠올릴 때 그런 색 이미지를 당연하게 여기며 초록에서 안정감을 느낍니다. 그렇다면 나무가 좋아하는 색은 무엇일까요? 아마도 초록이라고 생각하는 사람들이 많을 것입니다. 나뭇잎뿐만 아니라 숲을 이루는 대부분의 색이 초록이기 때문입니다. 하지만 실제로는 그렇지 않습니다.

나무는 공기 중에서 섭취한 이산화탄소와 뿌리에서 흡수한 물로 엽록체 안에서 탄수화물을 만드는 작용(탄소동화작용)을 할 때, 빨간색을 흡수하고 초록색을 반사합니다. 빨간색이 영양소의 움직임을 원활하게 돕기 때문입니다. 그렇게 볼 때 초록색은 나무에게 별다른 필요가 없는 쓸모없는 색입니다.

그런데 초록색은 나무에게 버림받았을 뿐 인간에게는 큰 사랑을 받고 있습니다. 평화롭고 안정된 느낌을 주는 까닭입니다. 나무는 인간이 내뿜는 이산화탄소를 받아들이고, 인간은 나무가 내뿜는 산소를 받아들이며 살아간다는 점을 생각하면 나무와 인간은 색채에서도 서로 도우며 같이 사는 셈입니다.

나무가 여럿 모이면 숲이 되는데, 숲의 색채는 지역에 따라 미묘한 차이가 있습니다.

기후가 추운 한대지방에 쭉쭉 솟아 있는 침엽수림은 짙은 초록으로 단순하고 상쾌한 느낌을 줍니다. 이에 비해 따뜻한 온대지방에서 촘촘하게 어울려 있는 침엽수림과 활엽수림은 온화한 초록이 대부분을 이루면서 평온하면서도 담백한 느낌을 줍니다. 그런가 하면 무더운 열대지방에서 제멋대로 얽혀 있는 활엽수림은 따뜻한 초록으로 자유분방하면서도 화려한 느낌을 줍니다.

숲은 이렇듯 생김새뿐만 아니라 색을 통해 사람들에게 독특한 느낌을 줍니다. 물론 사람들은 그러한 색 이미지를 자신도 모르게 받아들이고 배우며, 의식주에 자연스럽게 반영합니다. 벼농사를 주로 하는 농촌에 빛 바랜 갈색 볏짚으로 지붕을 잇고 벽에 황토를 바른 초가집이 세워진 것이나, 침침한 침엽수림이 많은 지역에 어두운 색깔의 벽돌집이 세워진 것도 그런 배경을 갖고 있습니다. 인간이 알게 모르게 식물의 색깔이

환경을 결정짓는 것입니다.

인간이 환경에 지배될 때는 식물이 주는 색채를 그대로 느끼며 살았으나, 인간이 문명을 건설하면서부터는 점차 식물을 이용하기 시작했습니다.

때로는 식량 확보를 위해, 때로는 보는 것을 목적으로 식물 재배에 관심을 가졌습니다. 그 과정에서 빛의 색채가 식물에 어떤 영향을 끼치는지 어느 정도 밝혀졌습니다.

처음으로 식물 성장과 빛의 색채를 연구한 사람은 프랑스의 테시에입니다. 그는 1783년 식물 위에 그물을 씌운 다음 그물 빛깔을 여러 가지로 바꾸며 어떤 색이 식물 성장에 도움이 되는지 살펴보았습니다.

테시에는 뚜렷한 성과를 거두지는 못했으나, 그 후 여러 과학자들이 색유리 실험을 통해 주목할 만한 연구 결과를 내놓았습니다. 그 결과 일부 학자는 파란색이 유익하다고 했지만, 대부분의 학자는 빨간빛이 식물의 성장을 돕는다고 주장했습니다.

화훼 선진국인 네덜란드에서 오늘날 채소와 과일 등의 재배에 빨간빛을 내는 네온증기등을 사용하고 있는 것은 이런 연구에 바탕을 둔 것입니다.

정리하자면, 식물은 빨간빛을 좋아하고 초록을 싫어합니다. 그리고 눈으로 볼 수 있는 가시광선을 좋아합니다.

파장이 짧은 자외선을 받으면 성장에 장애를 겪으며, 눈에 보이지 않는 적외선을 만나면 엽록소의 활동이 움츠러듭니다.

결국 식물은 인간과 같은 색상을 보며 사는 것입니다.

연두·초록·청록
43일째

조선 시대 처녀들이 초록 옷을 입은 까닭

텔레비전에서 조선 시대 역사 드라마를 보면 양반 가문의 처녀는 머리 위에 초록 장옷을 걸치고 다닙니다. '장옷'이란 여자가 나들이할 때 얼굴을 가리기 위하여 머리에서부터 길게 쓰던 옷입니다. 처녀들은 왜 초록 장옷을 입었을까요?

그 이유는 초록이 처녀를 상징한 데 있습니다.

초록은 자연의 색깔로서, 순수한 자연을 상징합니다. 이런 까닭에 초록이 '때묻지 않은 심신(몸과 마음)', 나아가 '순박한 처녀'를 상징하게 된 것입니다.

때문에 조선 시대에 신부는 시집 가는 날 녹의홍상(綠衣紅裳)이라 하여 초록 저고리를 입기도 했습니다. '녹의'는 초록 저고리, '홍상'은 붉은 치마를 뜻하는 말입니다.

한편, 녹의홍상은 음양오행의 상생과도 관련이 있습니다.

'음양오행'은 우주의 두 가지 상반된 기운과 우주 만물을 이루는 다섯 가지 원소를 합한 말이며, '상생'이란 서로 돕는 기운을 말합니다.

오행의 목(木, 나무)과 화(火, 불)는 양(陽, 빛)에 해당하고, 금(金, 쇠)과 수(水, 물)는 음(陰, 그늘)에 해당하며, 토(土, 흙)는 그 중간입니다.

또한 이런 오행은 나름의 방향과 색깔을 갖고 있는데, 빨강은 남쪽과 화(火)에 속하고 초록은 동쪽과 목(木)에 속합니다. 이런 원리로 '녹의홍상'의 빨강과 초록은, 불이 나무를 태우듯 서로 상생하여 장수를 누리고 부자가 된다는 뜻을 담고 있는 것입니다.

연두·초록·청록
44일째

피터 팬은 왜 초록 옷을 입고 있을까

"싫어요. 나는 언제까지나 아이로 있는 게 좋아요."
"그러면 어디서 지내고 있니, 피터 팬?"
"팅커벨과 함께 웬디를 위해서 지어 놓은 집에서 살아요."
'피터 팬'은 영국 소설가 제임스 매튜 배리가 지은 아동극에 나오는 주인공의 이름입니다. 주인공 피터 팬은 어른이 되는 것을 피하려고 '어른이 되지 않는 나라'로 달아나 숲 속에서 요정들과 함께 살고 있었습니다. 그러던 어느 날 귀여운 어린이들인 웬디, 마이클, 존을 만나 함께 많은 모험을 하게 된다는 내용입니다.
그런데 '영원한 어린이'인 피터 팬은 초록 옷을 입고 있는 것으로 묘사되고 있습니다. 왜 그럴까요?

서양인들에게 있어 초록은 '동심', 즉 '어린이 같은 생각'을 뜻합니다. 어른이 되고 싶지 않은 피터 팬이 초록 옷을 입고 있는 이유가 여기에 있으니, 그것은 순수한 동심을 상징하는 동시에 정신의 미성숙을 뜻합니다.

그렇다면 왜 초록이 '어린 마음'을 상징할까요? 그 비밀은 자연세계에서 초록의 성격에 있습니다. 간단히 말해 초록이 덜 익은 풋과일과 자연의 싱그러움에서 연상됐기 때문입니다.

예컨대 덜 익은 토마토나 고추는 초록을 띠고 있지만 잘 익으면 빨갛게 됩니다. 다시 말해 초록은 이제 시작하는 단계를, 빨강은 성숙한 단계를 뜻합니다. 이런 이치에 따라 초록은 어린이 같은 단계나 동심을 상징하게 된 것입니다.

한편, 피터 팬처럼 어른이 되고도 사회에 적응하지 못하는 심리 상태를 '피터 팬 증후군'이라고 합니다.

연두·초록·청록
45일째

공상과학영화 속의 외계인이나 괴물은 왜 초록빛 몸일까

서양에서 제작된 만화나 영화에 등장하는 용이나 악마, 괴물의 색은 대부분 초록입니다. 공상과학영화에 등장하는 외계인의 초록 몸을 비롯해서 영화 속의 '슈렉'은 못생겼지만 따스한 마음을 지닌 초록 괴물이고, '그린치'는 심술궂은 초록 괴물입니다. 이렇게 보면 초록은 비인간적인 색깔인 셈입니다.

왜 그럴까요?

전통적으로 서양인들은 초록을 '자연 또는 순수한 동심'을 상징한다고 생각하면서도 한편으로는 '꺼림칙하거나 피하고 싶은 대상'을 상징하는 색으로 보았습니다.

그것은 세 가지 배경을 가지고 있습니다.

하나는 짙은 초록이 울창한 숲의 밤 분위기를 연상시켜, 유럽 인들은 어두운 밤 달빛에 비춰진 짙푸른 숲을 음산한 불안감으로 받아들였습니다.

다른 하나는 초록이 유럽을 자주 침략하여 공포감을 안겨 주었던 이슬람 문명의 상징색이라는 데 있습니다. 이슬람 세계에서의 초록은 평화, 오아시스의 색이지만 그 초록이 유럽 인들에게는 불안한 느낌을 준 것입니다.

또다른 하나는 초록이 사람들이 혐오하는 뱀, 도마뱀, 개구리 따위의 피부 색깔이라는 데 있습니다.

이런 까닭에 초록은 '경계해야 할 대상'을 나타내는 동시에 '비인간적인 색'으로 여겨졌습니다. 서양에서 요물이나 외계인의 몸 빛깔을 짙푸른 초록 혹은 검푸른 초록으로 표현하는 건 이런 관념에 바탕을 두고 있는 것입니다.

우리 나라 사람들이 초록에 대해 신선함이나 생화 따위의 우호적인 감정을 지니고 있는 것과 비교하면, 환경의 영향이 얼마나 큰지 알 수 있습니다. 환경을 지배하는 듯싶으면서도 환경에 지배당하는 동물, 그것이 인간의 모습입니다.

연두·초록·청록 46일째

왜 동양 여성들은 초록색 옥(玉)을 귀하게 여겼을까

"옥의 티를 찾아라!"

요즘 텔레비전 오락프로그램에서는 영화나 드라마 속에서 찾아 낸 잘못된 점을 흔히 '옥의 티'라고 합니다. 대체로 완벽하지만 숨어 있는 작은 흠집이라는 뜻인데, 여기서 '옥(玉)'은 귀한 보석을 상징하는 말입니다.

현대에서는 주로 다이아몬드와 황금이 귀하게 대접받지만, 19세기 이전만 하더라도 우리 나라나 중국에서는 옥이 황금만큼 귀한 보석으로 여겨졌습니다. 결혼한 여성이 손가락에 끼는 반지도 대개 옥가락지였습니다. 왜 옥이 동양 여성들에게 사랑받았을까요?

옥은 인류가 건강 관리와 행운을 바라며 사용한 최초의 보석입니다.

고대 중국인들은 좋은 옥을 몸에 지니고 있으면 건강해진다고 믿었는데, 흥미롭게도 나쁜 마음을 지닌 사람이 옥을 지니면 금방 죽는다고 생각했습니다.

따라서 옥을 많이 갖고 있으면 덕이 많은 훌륭한 사람일 거라고 생각했습니다. 이런 까닭으로 중국 황제는 왕관에 옥을 장식했고, 그릇은 물론 베개까지 옥으로 만들었습니다. 또한 높은 신분의 사람이 죽을 경우 좋은 세상에 가라는 뜻으로 무덤에 옥을 넣어 주기도 했습니다.

옥에는 두 종류가 있습니다. 부드러운 연옥과 단단한 경옥이 그것입니다. 연옥은 주로 질병 치료를 위한 건강용으로 쓰였고, 경옥은 아름다움과 행운을 기원하는 보석으로 사용됐습니다. 연옥 색깔은 흰색 또는 어두운 초록이며, 경옥 색깔은 흰색이나 초록, 청록입니다. 경옥의 초록은 결정체에 함유된 크롬 성분에서 나오는 빛깔입니다.

옥은 '비취'라고도 하는데, 비취는 초록 깃털을 가진 물총새로, 옥 빛깔이 물총새 깃털 색과 매우 닮았다 하여 생긴 이름입니다.

비취는 싱싱한 봄의 초록을 연상시키기도 하므로 동양 여인들은 비취를 '생산', 나아가 '출산'의 힘이 담긴 보석으로 여겼습니다.

여성들이 옥을 좋아한 이유가 또한 여기에 있습니다.

연두·초록·청록
47일째

고려 시대 사람들은 왜 푸른 청자를 만들었을까

"**이건** 틀렸어."

옛날 도공들은 가마에서 막 꺼낸 도자기를 보고 모양이 조금이라도 찌그러지거나 색이 이상하면 망설이지 않고 그 자리에서 깨 버렸습니다. 따라서 처음 만들 때부터 시작해서 완성될 때까지 남겨진 도자기는 얼마 되지 않았습니다. 정성이 아깝기는 하지만 그런 노력을 바탕으로 해서 더 좋은 품질의 도자기를 만들어 낼 수 있었으니 과감한 희생이 도자기 발전의 밑거름이었던 셈입니다.

세계 도자기 역사에서 대단한 평가를 받는 '청자(靑瓷)' 역시 도공들의 끊임없는 노력을 통해 탄생했습니다. 그런데 청자는 문자 그대로 풀이하면 '파란 자기'이지만 실제 도자기 빛깔은 '초록'입니다. 어찌된 일일까요?

사실 청자는 옥(玉)의 빛깔을 흉내내어 만든 자기입니다. 청자는 중국에서 처음 등장했는데, 도공들은 '흙을 빚어 옥을 만든다'는 긍지로 청자를 제작했습니다. 고려인들도 청자를 만들었지만 중국청자와 미묘한 차이가 있습니다.

중국청자는 유약을 두껍게 발라 투박한 초록인데 비해 고려청자는 유약을 엷게 발라 날렵한 느낌을 줍니다. 이런 차이는 중국인들이 옥을 재현하는 마음으로 청자를 만든 반면, 고려인들은 청자에 평화로운 하늘에 대한 희망을 담은 데서 비롯됐습니다. 중국청자는 화려한 꽃무늬 장식이 많지만, 고려청자는 구름과 학무늬가 많이 새겨진 이유도 여기에 있습니다. 다시 말해 고려청자의 초록은 하늘의 색이었던 것입니다.

우리말 '푸르다'가 '풀의 빛깔'인 동시에 '하늘의 색깔'인 데서 알 수 있듯이 고려인들에게 청자는 보석인 동시에 푸른 하늘을 상징한 셈입니다. 이제 고려청자를 보면, 다른 나라의 침입에 자주 시달리느라 상상으로나마 평화를 꿈꾼 조상들의 마음을 느낄 수 있을 것입니다.

제 4장

파랑·남색

파랑·남색
48일째

조선 시대 사람들은 왜 파란색 옷을 싫어했을까

조선 시대 최고의 직업은 관리, 즉 오늘날의 공무원이 었습니다. 나쁜 짓을 저지르지 만 않는다면 오래도록 일할 수 있고 사람들로부터 존경의 눈길을 받을 수 있었기 때문입니다. 그렇지만 관리가 되더라도 어떤 일을 하느냐에 따라 차별이 있었으며, 색깔로 그 표시를 했습니다.

벼슬아치들의 관복은 높은 계급일수록 붉은색이 많고, 낮은 계급일수록 파란색이 많았습니다.

문관에게는 붉은색 관복을 입힌 반면, 무관에게는 파란색 관복을 입힌 것도 같은 이유에서 관복의 색을 정한 것입니다. 조선 시대에 문관을 무관보다 우대했음은 잘 알려진 사실입니다.

조선 시대 사람들은 왜 '파란색 옷'에 대해서 거부감을 가졌을까요? 파란색 옷을 입기 싫어했던 이유는 대략 두 가지로 정리됩니다.

하나는 마음만 먹으면 '쪽'을 구해다 염색해 입을 수 있는 흔한 색이었다는 데 있습니다.

한해살이 풀인 쪽은 흔한 식물로 파란 염료를 얻는 데 많이 쓰였습니다. 그래서 때가 많이 타는 흰색 옷을 피하기 위해 노동복이나 군복은 파란색으로 염색했으며, 이런 까닭에 파란색 옷은 육체적 힘을 쓰는 노동자의 옷으로 여겨졌습니다. 나아가 파란색 옷은 천민의 옷으로 통하게 됐습니다.

다른 하나는 파란색 옷이 사람을 냉정하게 보이게 하는 색이라는 데 있습니다. 너그러운 마음을 최대의 가치로 삼은 시대에서 차가운 인상을 풍기는 옷은 인기를 끌기 어려웠을 것입니다. 요컨대 파란색 염료가 무척 흔하고 파랑이 차갑게 보이는 까닭에 파란색 옷을 피한 것입니다. 예부터 유럽에서도 어두운 파란색은 노동복으로 통했습니다.

빨강과 초록 염료가 비싸고 어두운 파란색이 가장 값이 쌌기 때문입니다. 그래서 어두운 파란색은 일상복이나 노동복으로 사용됐으며, 여기에서 '노동자 계급'을 뜻하는 '블루 칼라'라는 말도 생겼습니다.

파랑·남색 49일째

성모마리아는 왜 파란 망토를 두르고 있을까

'성모마리아'는 예수 그리스도의 어머니입니다.
개신교에서는 하나님과 예수만 숭배하지만, 가톨릭에서는 성모마리아를 공경합니다. 초대교회 시기인 5세기 때 성모에 대한 공경 교리가 정해졌기 때문입니다. 그래서 가톨릭 성당에 가면 성모마리아상을 볼 수 있습니다. 물론 신이 아니라 위대한 성인으로 공경하기 위해서입니다.
그런데 성모마리아 조각상을 보면 흰색 혹은 파란색 망토를 입은 경우가 대부분인데 특히 파랑이 많습니다. 왜 그럴까요?
'마리아'라는 이름은 '고귀함'을 뜻하는 헤브라이 어의 미리암(Mirjam)에 어원을 두고 있으며, 정식 호칭은 '동정녀 성 마리아'입니다. 여성을 존중한 중세 유럽 기사들은 성모를 '마돈나(Madonna, 나의 귀부인)'라고 불렀습니다.

성모마리아는 가톨릭이 번성한 중세 시대에 종종 그림이나 조각의 소재로 다뤄졌는데, 이 때 파란 망토를 입은 모습으로 표현되었습니다. '망토'는 그 무렵 널리 보급된 옷 위에 걸쳐 입는 낙낙한 겉옷이며, 파랑은 슬픔의 색이었기 때문입니다.

흥미로운 것은 10세기 이전만 하더라도 파랑이 무시받던 색이었다는 점입니다. 고대 로마 인들은 파랑을 야만적인 색으로 생각했고 중세 초기에도 유럽 인들은 파랑을 악마의 색, 저주받은 색으로 여겼습니다. 그러나 11세기를 전후하여 슬픔에 젖은 모성애를 강조하기 위해 예수의 죽음을 슬퍼하는 성모마리아가 많이 그려지면서 화가들이 파랑을 슬픔의 상징색으로 삼았습니다. 짙은 파랑이 우울함을 느끼게 하는 것을 반영한 것이었으며, 이후 성모마리아의 파란 망토는 관습이 됐습니다.

한편 성모마리아의 망토는 '자녀를 보호하는 어머니의 특성'을 나타내고, 동시에 신자들을 보호해 주는 상징을 지니고 있습니다.

파랑·남색 50·51일째

왜 옷 중에서 유독 청바지가 남녀 모두에게 인기 있을까

많은 사람들로부터 꾸준히 사랑받고 있는 옷으로 청바지가 있습니다. 청바지는 옷 중에서 매우 드물게 남녀가 함께 입는 바지이기도 합니다. 왜 청바지가 인기가 많을까요?

19세기 중엽 미국에는 황금 열풍이 불고 있었습니다.

금광만 발견하면 순식간에 부자가 될 수 있다는 소문을 듣고 많은 사람들이 캘리포니아로 몰려들었는데, 그 중에는 리바이 스트라우스라는 청년도 있었습니다.

하지만 리바이는 금광을 찾는 대신 사람들에게 천막천을 팔아 돈을 벌었습니다. 리바이는 어느 날 천막 10만 개를 주문 받아 3개월 동안 황급히 만들었습니다.

하지만 불행하게도 사기를 당했는데, 이 때 좌절하지 않고 술집에서

우연히 본 광부들의 해진 바지를 꿰매는 모습을 떠올렸습니다. 그리고 질긴 천막천을 바지로 바꾸기로 마음먹었습니다. 다행히 리바이는 재단을 하는 재주가 있었습니다. 그래서 부리나케 천막천을 이용해 갈색 바지를 만들었고, 그 바지는 질기다고 소문나서 큰 인기를 끌었습니다.

리바이는 거기서 만족하지 않았습니다. 사람들의 바지에 대한 관심을 느꼈기 때문입니다.

'좀더 실용적이면서 멋져 보이는 바지를 만들어 보자.'

그 뒤 리바이는 바지 옷감을 데님으로 바꾸면서 색깔도 파란색으로 물들였습니다. 염료로 사용한 콩과식물인 인디고(Indigo)의 파란 물감이 독사의 접근을 막아 주기 때문이었습니다. 또한 데님은 염색된 날실과 염색되지 않은 씨실로 짜여진 직물이므로, 특유의 파란색을 뿜어 냈습니다. 이로써 오늘날의 데님 청바지가 탄생했습니다.

데님 청바지는 금광 노동자는 물론 철도 건설현장 노동자와 카우보이들에게도 큰 인기를 끌었습니다. 그 때는 미국 전역에서 철도가 건설됐으므로 데님 청바지는 만들기 무섭게 팔려 나갔습니다.

그런데 왜 데님 청바지를 '블루 진'이라고 말하게 됐을까요?

블루 진(blue Jean)의 '진(jean)'이라는 명칭은 이탈리아 항구 도시 제노아(Genoa)에서 유래된 말입니다.

당시 인디고는 제네바 상인들이 수입했기 때문에 '제네바 상인의 파랑(blue de Genes)'이라는 말이 영어로 '블루 진스(blue Jeans)'가 된 것입니다. (우리는 습관적으로 '블루 진'이라고 하지만 영어에서는 's'를 붙여 '블루 진스'라고

말해야 합니다.) 청바지는 20세기 들어 본격적인 산업화 물결을 타면서 또 한 번 변화를 겪었습니다. 미국 특유의 금욕(욕망을 억제함)적 분위기가 일상생활에서의 단순한 복장으로 청바지를 좋은 마음으로 보게 만든 것입니다. 그리하여 도시의 일반인들도 청바지를 평상복으로 입고 다녔습니다.

그러다가 1935년 패션 잡지 '보그'가 상류층 분위기의 청바지 광고를 한 이후 청바지는 신분과 성별을 구분하지 않고 입는 패션이 되었으며, 미국 영화 '이유 없는 반항'에서 제임스 딘이 청바지를 입은 뒤에는 젊은이들에게 인기를 끌었습니다.

그뿐이 아닙니다. 1960년대에는 청바지가 유니섹스의 상징 옷차림으로 여겨졌습니다. '유니섹스'는 옷이나 머리 모양 등 여러 면에서 남성, 여성의 구별을 두지 않는 정서를 말합니다. 청바지는 이런 역사와 문화를 배경으로 하고 있기에 남녀 모두에게 사랑받고 있는 것입니다.

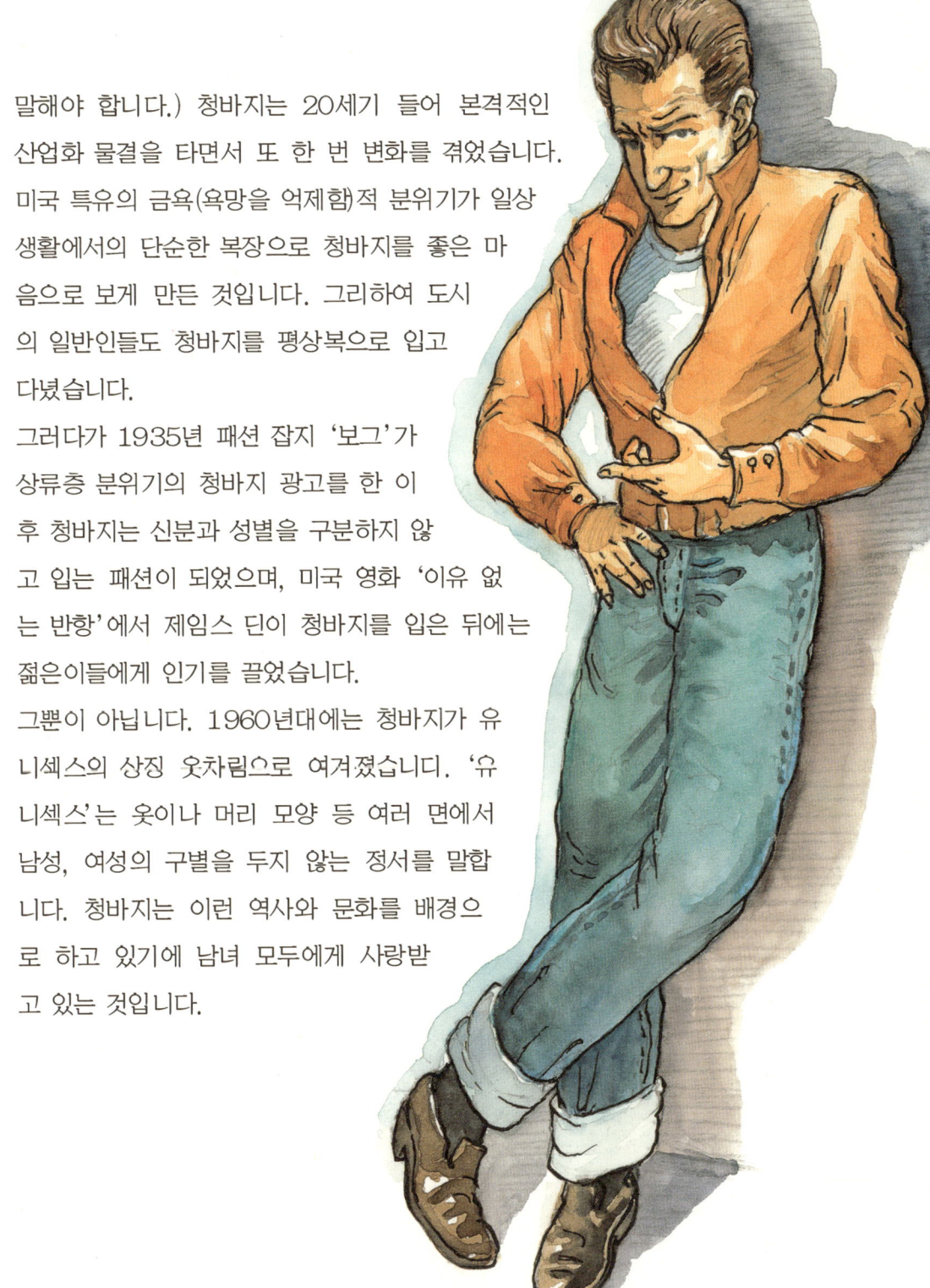

파랑·남색 52일째

영국 최고 명예인 가터 훈장은 왜 남색일까

영국인들은 왕실에서 훈장 받는 걸 가장 큰 영광으로 생각합니다. 훈장은 나라에 공을 세운 사람에게 내려주는 것으로, 훈장을 받은 사람은 국가적으로 중요한 존재임을 인정받는 일이기 때문입니다.

영국에는 로열 빅토리아 훈장, 조지 십자 훈장, 대영제국 훈장, 바스 훈장 등 훈장의 종류가 많습니다. 그러나 무엇보다 가장 큰 명예로 여겨지는 훈장은 가터 훈장입니다.

'가터 훈장'은 1348년 에드워드 3세가 제정한 기사훈장으로 민간인과 군인에게 주는 영국의 최고 훈장입니다.

그런데 '가터'는 긴 양말이 흘러내리지 않도록 묶는 양말 대님을 뜻하는 말이며, 가터 훈장은 **남색** 가터를 무릎 부근에 다는 게 관습입니다. 왜 그럴까요?

영국 국왕 에드워드 3세가 어느 무도회에서 솔즈베리 백작 부인과 짝을 이루어 춤을 출 때의 일입니다. 춤을 한창 추고 있는데 갑자기 부인의 남색 가터가 바닥에 떨어졌습니다. 당시 남색은 성스러운 색깔이어서 나름대로 멋을 부린 것이지만 망신이 될 상황이었습니다.

백작 부인은 당황했고 근처에 있던 몇몇 사람이 킬킬거리며 웃었습니다. 그러자 왕은 그것을 주워 마치 자기 것처럼 자기 발에 매고는 부인의 실수를 덮어 주며 말했습니다.

"악을 생각하는 자는 악이다."

얼마 후 에드워드 3세는 아서 왕의 전설에 나오는 원탁의 기사들을 되살려 기사단을 만들면서 가터 훈장을 제정했습니다. 이 때 위의 말을 훈장에 금실로 새겨서 남색 가터를 숙녀에 대한 예의의 상징으로 삼았습니다. '배려 이상의 명예가 없다.'는 뜻이며, 이 전통이 오늘날까지 지켜지고 있는 것입니다.

파랑·남색 53일째
서양에서 우울한 음악을 왜 블루스라고 할까

What did I do to be so black and blue? 미국의 루이 암스트롱이 부른 노래의 제목이며, '나는 어째서 이렇게 검고 우울한가?'라는 뜻입니다. 그런데 블루(blue) 즉, 파랑이 왜 '우울한'이라는 뜻으로 풀이되고, 또 이런 '블루스'라는 음악은 왜 우울한 분위기를 담고 있을까요?

'블루스(blues)'는 미국 대중음악의 하나로, 20세기 초 흑인들에 의해 시작되었습니다. 미국 흑인들은 규칙에 의한 복잡한 음악보다는 즉흥적으로 흥얼거리는 단순한 음악을 좋아했고, 그런 정서를 담은 것이 느린 리듬의 블루스로 나타난 것입니다.

이들의 음악은 아름다움·행복·사랑이 아니라 현실에서 느끼는 슬픔·아픔·그리움 따위의 감정을 담았는데, 그 까닭은 흑인들이 오랜

세월 노예로 고통스러운 삶을 살아온 데 있습니다. 조상들도 그렇지만 자신들의 처지도 별달리 나아진 게 없으므로 외로움과 아픔만이 크게 느껴졌던 것입니다.

흑인들이 연주하는 음악이나 노래가 대부분 흐느끼는 듯한 분위기를 자아내자 그런 음악을 '블루스'라고 했습니다.

서양에서 '블루'가 '우울'을 상징하는 색인 데에서 나온 명칭인 것입니다.

11세기를 전후해서 파랑이 성모마리아의 슬픔을 상징하는 색으로 쓰인 이후 유럽에서 파랑은 슬픔을 뜻했습니다.

또한 20세기 화가 피카소 역시 젊은 시절의 고통을 파란색으로 표현하면서 '절망의 파랑'이라고 말했습니다.

이처럼 슬픔·절망·아픔은 외로움·그리움과도 통하므로, '블루'와 비슷한 '블루스'는 따스함을 잃어버린 우울한 음악을 상징하게 된 것입니다.

파랑·남색
54·55일째

왜 음식에서 파란색을 보기 힘들까

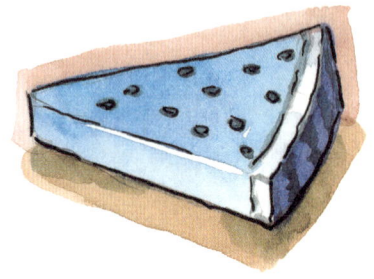

♬파란 과일을 보았니?♪

♪아니♩

♬파란 채소를 보았니?♪

♪아니♩

어느 동요의 가사를 재미있게 바꾼 것이지만, 실제로 파란 과일이나 채소를 보기는 힘듭니다. 고기에도 파란색은 없으며, 사람들이 인공적으로 만든 식품에서도 파란색을 찾기 어렵습니다.

왜 그럴까요?

자연의 식물을 살펴보면 초록, 노랑, 주황, 빨강이 많습니다. 특히 식물들의 잎은 대부분 초록인데 이는 초록이 광합성에 적합하기 때문입니다. '광합성'이란 초록 식물이 햇빛을 이용하여 이산화탄소와 물을 산소와 탄수화물로 바꾸는 과정을 뜻합니다.

이 과정에서 초록은 노랑, 주황, 빨강으로 변하기도 합니다. 예컨대 사과나 바나나는 처음에 연한 초록이지만 익으면서 빨강과 노랑으로 바뀝니다. 익기 전의 초록 과일은 맛도 좋지 않고 영양도 별로 없습니다. 따라서 꽃이나 나무 열매의 초록, 빨강은 햇빛 덕분에 맺은 결실의 표시인 셈입니다.

흥미롭게도 이런 자연의 색깔은 인류에게 입맛을 자극하는 색으로 작용했습니다. 인류는 경험을 통해 노랑, 주황, 빨강 열매가 먹을 수 있는 식품이라는 것을 알았고, 열매 없이 줄기로만 된 초록 채소 역시 햇빛의 영양을 듬뿍 담고 있음을 알았습니다. 어느 식품학자는 땅에서 자란 채소야말로 햇빛을 함유하고 있기 때문에 가장 우수한 음식이라고 강조한 바 있습니다. 색이 곧 맛인 셈입니다.

과학적으로도 식욕을 자극하는 색은 빨강에서 주황에 이르는 따뜻한 노랑 계열입니다. 이런 색들은 사람의 마음을 활발하게 만들고 식품에 대한 호기심을 일으킵니다.

이를테면 사과, 딸기, 토마토 따위의 붉은색 과일과 오렌지, 레몬, 참외 따위의 주황색 과일은 보기만 해도 입맛이 돋는 색채 과일입니다. 또한 식품만이 아니라 그릇에도 붉은색 띠나 리본으로 살짝 멋을 부리면 식욕을 자극합니다.

그런가 하면 식욕을 떨어뜨리는 식품 색깔도 있습니다. 기본적으로 어두운 색상이 입맛을 감소시킵니다.

특히 파란색에 대해서는 인류가 본능적으로 독성을 지닌 색으로 생각하기 때문에 피하게 됩니다. 한 예로, 감자가 햇빛을 받으면 솔라닌이라는 독소가 생기면서 파란색으로 변합니다. 채소, 과일, 고기는 물론 인공식품에 파란색이 없는 이유가 바로 여기에 있습니다.

한편, 파란색은 식품 자체의 색일 때는 식욕을 떨어뜨리지만 배경으로 쓰일 때는 식욕을 자극하는 특이한 역할을 합니다.

파란색이 다른 색으로 된 음식물을 더 맛있게 보이도록 만들어 주는 까닭입니다.

다시 말해 파란색은 음식 그 자체의 색으로는 적합하지 못하지만 음식의 배경으로는 아주 좋은 색이므로 파란색 식탁 위에 놓인 음식을 보면 대부분의 사람들은 깔끔하고 맛있게 느낍니다. 그러므로 식탁 분위기를 확 바꾸고자 한다면 가끔 파란색 식탁보를 사용할 필요가 있습니다.

또한 붉은색과 흰색이 어우러진 체크무늬 식탁보도 식욕을 촉진시키는데, 이 경우 무늬는 작은 것보다 큰 것이 효과가 더 큽니다.

정리하자면, 식욕에 있어서 색채의 역할은 '빨강=흥분, 파랑=진정'이라는 일반적인 시각 이미지가 그대로 이어진다고 말할 수 있습니다.

파랑·남색
56·57일째

모기와 물고기는 왜 파란색을 좋아할까

"웽, 웽!"
"찰싹!"

여름철 모기가 극성일 때의 풍경입니다. 모기약을 뿌리거나 모기장을 쳐도 모기는 어디선지 나타나 사람을 괴롭힙니다. 그런데 모기장은 왜 파란색일까요?

모기장의 파랑은 계절을 생각하여 염색된 색깔입니다. 무더운 여름에 파란색이 시원한 느낌을 주므로 모기장을 친 뒤 느끼는 답답함을 조금이라도 줄이고자 한 것입니다. 요컨대 모기가 아니라 사람을 의식한 색인 것입니다. 하지만 에어컨이 많이 보급된 요즘에는 회색이나 흰색 모기장도 만들어지고 있습니다.

그렇다면 모기는 파랑에 대해 어떻게 생각할까요?

색을 느끼는 생명체는 인간만이 아닙니다. 곤충은 물론 새와 물고기, 포유동물들도 모두 나름의 색각(눈에서 빛깔을 느끼는 감각)을 갖고 있습니다. 차이가 있다면 보는 색이 저마다 다르다는 점입니다.

곤충의 경우 초록, 파랑, 보라에 민감한 반응을 보이며, 노랑과 빨강에는 별다른 관심을 나타내지 않습니다. 이를테면 꿀을 좋아하는 벌은 파랑, 보라, 자주를 좋아하고 빨강을 싫어합니다. 야행성 곤충들은 파랑을 좋아하는데, 동물을 괴롭히는 모기는 파랑을 특히 좋아하고 노랑을 싫어합니다.

곤충학자들의 연구에 따르면 곤충들이 파란색을 좋아하는 이유는 빛의 성질에 있습니다. 파란색은 곤충들이 좋아하는 자외선과 비슷한 색인 까닭에 다투어 몰려든다는 것입니다. 그렇게 보면 여름 밤 모기장 안으로 들어오려 기를 쓰는 모기들의 행위와 파란 모기장 색깔도 어느 정도 관계가 있다고 보입니다. 습관적으로 파란색 모기장을 만들 게 아니라 노란색 모기장을 선보인다면 모기의 공격을 피하는 데 한결 큰 역할을 할 것입니다.

그런데 실제로 노란색 모기장이 있었습니다. 바로 우리 나라에서 말입니다. 조선 시대 대궐에는 숲이 많아서 모기가 유난히 극성스러웠습니다. 그래서 모기장이 필수적이었습니다. 왕이 잠자는 침전에서 쓰는 모기장은 노란색 명주실로 만들었는데 가장자리에 자주색 비단으로 선을 둘렀습니다. 조선 왕실의 노란색 모기장은 지혜에서 나온 것인지 우연의 일치인지는 모르나, 모기가 싫어하는 색깔이라는 점에서 주목할 만합니다.

물고기의 경우는 어떠할까요?

물고기는 파란색을 매우 좋아합니다. 이에 비해 빨간색에는 무서워하거나 좋아하는 두 가지 대조적인 반응을 보입니다. 어항 바닥에 파란색을 칠하면 물고기들은 편안한 장소로 여겨 잘 적응하지만, 붉은색 유리를 가로세워 놓으면 호흡이 가빠집니다. 일반적으로 운동이 없는 상태에서 호흡이 빨라짐은 몹시 좋아하거나 두려움에 빠졌을 때뿐입니다.

따라서 물고기가 붉은색을 보고 나타내는 반응은 관심이나 공포 따위의 긴장상태가 될 수밖에 없는데, 그 이유는 물고기에게 붉은색이 보기 힘든 광선이라는 데 있습니다. 빛이 물을 통과하는 동안 빨간빛이 물에 바로 흡수되는 까닭입니다. 대체로 물고기들은 붉은색을 피합니다. 낯선 것에 대한 두려움이 크기 때문입니다.

포유류는 어떠할까요?

동물의 세계에서는 강자이지만 색채의 세계에서는 약자에 속합니다. 볼 수 있는 색채가 극히 적고 다른 생명체에 비해서 색각이 약합니다. 개의 경우 거의 색맹이며, 소의 경우 붉은색을 느끼지 못합니다. 다만 인간과 가까운 원숭이와 침팬지는 어느 정도의 색각을 갖고 있습니다. 그런 점에서 인간은 색채에 관해서는 다른 동물보다 축복받은 존재라 할 수 있습니다. 대략 160개의 색조(色調)를 구별할 수 있을 뿐만 아니라, 같은 나뭇잎이라 할지라도 아침에 보는 빛깔과 저녁에 보는 빛깔에서 다른 기분을 느낄 수 있습니다.

인간이 다른 동물보다 풍부한 감성을 지니고 있는 것도 이런 색각 덕분입니다.

파랑·남색 58일째

물고기의 등은 왜 짙푸른 파랑일까

"등 푸른 생선을 많이 드십시오."

식품영양학자들이 자주 하는 말입니다. 최근 밝혀진 여러 연구 결과에 따르면 고등어, 꽁치, 청어, 정어리, 참치 등의 등 푸른 생선에는 DHA와 EPA가 많이 들어 있어 암 발생을 억제하고, 고혈압이나 동맥경화증 등 질병을 예방하는 데 효과가 뛰어납니다. 특히 DHA는 뇌에 활력을 주어 기억능력 및 학습능력을 좋게 합니다. 따라서 수험생은 물론 일반인들도 일주일에 등 푸른 생선 두 마리 정도는 먹는 게 바람직하다고 합니다.

한편 등 푸른 생선은 흰 살 생선보다 비린내가 심합니다. 왜 그럴까요? 그 이유는 육질의 차이에 있습니다. 흰 살 생선은 등 푸

른 생선보다 육질이 단단한데, 육질이 단단하면 부패하는 속도가 느립니다. 때문에 흰살 생선의 비린내가 덜한 것입니다.

그런데 등 푸른 생선은 등만 푸른색이고 배는 왜 하얀색일까요? 물고기는 바다에서 약자에 속합니다. 바다에서는 상어, 고래, 물개, 펭귄 등에게 잡아먹히고, 하늘의 새들로부터도 공격당하기 때문입니다. 따라서 물고기는 뭉쳐 다녀서 상대보다 크게 보이려고 합니다.

또한 보호색으로 자신을 보호하고자 등은 짙은 푸른색, 배는 흰색이 됐습니다. 하늘의 새가 볼 때 바다 색깔과 비슷하고, 물 밑에 있는 큰 물고기에게는 햇빛 때문에 잘 눈에 띄지 않기 위해서입니다. 바다 밑에서 올려다보면 물 색깔은 은백색입니다. 같은 원리로 빛이 거의 없는 곳에 사는 물고기는 내개 흑색, 갈색 등 어두운 색을 띠고 있습니다. 간혹 깊은 바다에서 잡히는 이상한 물고기들이 칙칙한 색인 이유가 여기에 있습니다.

제 5장

보라·자주

보라·자주
59·60일째

마법사 모자는 왜 삼각형이고 보라색일까

13세 때 여름 방학을 이모 집에서 우울하게 보내던 해리 포터는 실수로 사고를 친 뒤, 밤의 어둠 속으로 도망치지만 순식간에 근사한 보라색 3층 버스에 태워져 한 술집으로 가게 된다. 그 곳에서 마법부 장관 코넬리우스 퍼지를 만나 호그와트 학교로 돌아가기 전에 술집에서 하룻밤 지낼 것을 강요받는다.
아즈카반 감옥을 탈출한 시리우스 블랙이라는 위험한 마법사가 해리를 찾고 있기 때문이라면서…….

해리 포터 3편 『해리 포터와 아즈카반의 죄수』 앞부분 내용입니다. 여기서 하늘을 나는 신기한 버스 색깔은 보라색이고, 위험한 마법사의 이름은 블랙(검정)입니다. 그러고 보니 마법사의 이미지는 보라 혹은 검정입니다. 보라나 검정색으로 통일된 옷과 삼각형 모자를 쓰는 모습으로 그려지기 때문입니다. 왜 그럴까요?

먼저 '마법사'와 '마법'에 대해 알아볼까요?

마법사는 마법을 부리는 사람입니다.

'마법'은 상상을 초월한 이상한 힘으로 이상야릇한 일을 하는 술법을 가리키는 말이니, 일반인의 눈으로 볼 때 마법사는 초능력자인 셈입니다. 마법, 마술을 영어로 '매직(magic)'이라고 하는데 '초능력적인 힘의 도움으로 벌어지는 일'을 의미하는 그리스 어 '마게이아(mageia)'가 어원입니다. 마술과 비슷한 말로 '주술'이 있습니다. '주술'은 '초자연적 존재의 힘을 빌려 좋고 나쁨을 점치고 행운을 비는 일'을 뜻하는 말입니다.

전통적으로 동양에서는 마술과 주술을 구별했으며, 마술을 나쁘게 생각했습니다. '마술'의 '마' 자도 사람 마음을 괴롭히거나 착한 일을 방해하는 '악마', '악령'을 뜻하는 말입니다.

이에 비해 서양에서는 마술과 주술을 구별하지 않고 그냥 '매직'이라고 했습니다. 다만 목적의 좋고 나쁨에 따라 화이트 매직(백마술)과 블랙 매직(흑마술)으로 구분할 뿐입니다.

고대 그리스 시대에는 초자연적 존재를 선과 악의 구분 없이 특별한 존재로 여겼으나, 크리스트 교가 번성하면서 크리스트 교 이외의 영적 존재를 모두 사악한 것으로 보게 되었습니다.

"마법사는 모두 악마의 부하들이다. 마법이란 건 사람을 홀리는 속임수일 뿐이다!"

중세 유럽에서는 마법을 나쁜 술법으로 규정했습니다.

이에 따라 마법사는 탄압을 받았는데 당시 마법이라고 여겨진 것 중에는 의학과 과학 기술도 적지 않았습니다. 다만 그 원리를 몰랐기 때문에 당시 사람들은 마법이라고 믿었던 것입니다.

어찌됐든 종교의 탄압을 피해 마법사는 남몰래 숨어서 연구를 했고, 그런 모습이 음흉하고 어두운 이미지를 떠올리게 만들었습니다. 마법사의 옷을 검정으로 상상하게 된 이유가 바로 여기에 있습니다.

어린이를 위해 쓰인 동화에서도 마법사는 검은 옷을 입고 어린이를 유혹하는 나쁜 존재로 그려졌습니다. 이 때 마법사는, 너무 길어서 뾰족한 끝 부분이 살짝 꺾인 검정 삼각형 모자도 쓴 것으로 상상되었습니다. 정삼각형은 완성과 완벽을 상징하는 까닭에, 꺾인 긴 삼각형은 무

언가 부족한 미완성이나 미완벽을 상징한다고 볼 수 있습니다. 그러다가 18세기 이후 자연과학이 발달하면서 마법의 비밀이 일부 풀리고 마법에 대한 관념이 달라지기 시작했습니다. 항상 '두려운 술법'이 아니라 때로는 '고마운 초능력'으로 생각된 것입니다.

그리하여 이 무렵 마법사의 옷과 모자는 좋은 뜻에서 보라색으로 바뀌었습니다. 보라가 신비함과 비밀스러운 느낌을 주는 색깔이라고 생각한 데서 나온 변화였습니다. 요컨대 보라는 신비한 감정을 일으키는 색깔이었기에 마법사의 옷으로 여겨진 것입니다.

또한 이러한 역사와 문화로 인해 오늘날 마법사는 보라 혹은 검정 옷을 입고 삼각형 모자를 쓴 모습으로 그려지고 있습니다.

보라·자주 61일째

고대 성직자는 왜 보라색 옷을 입었을까

오랜 옛날 그리스 신화의 신들은 보라색 옷을 입었고, 초기 기독교 성직자들도 보라색 법복을 입었습니다. 왜 신과 성직자들이 보라색을 애용했을까요?

예부터 보라는 성스럽고 고귀한 색으로 여겨졌으며, 보라색 이미지는 하늘의 뜻을 대행하는 신성한 사람만이 가질 수 있는 옷 색깔이었습니다. 그리하여 동·서양을 막론하고 여느 백성들은 보라 빛깔을 쓰지 못하게 하는 금지령이 수천 년 간 이어 내려왔습니다.

그렇다면 보라색이 무슨 이유로 그렇게 됐을까요?

색채심리학자들은 보라색이 이처럼 성직자들로부터 사랑받고 그들의 상징 빛깔로 숭상된 것을 보라의 중간색적 특성 때문이라 풀이하고 있습니다. 즉 보라는 하늘을 뜻하는 파랑과 인간의 피 빛깔인 빨강이 섞인 중간색이므로, 하늘의 뜻을 인간에게 전달하는 자의 존엄한 이미지에 가장 어울리는 색이라는 것입니다.

이런 이유로 보라색은 근대까지도 철저하게 성직자의 색이었고, 나아가 한 나라를 통치하는 지배자가 자신을 신비한 존재로 부각시키는 데도 이용됐습니다. 지배자는 보라색을 통하여 성스러움을 넘어서 신비함을 자아내려 한 것입니다.

보라색에 대한 권력자들의 집착을 보여 주는 일화가 있습니다.

영국의 W.H.퍼킨이 세계 최초의 합성염료인 보라색 '아닐린'을 발견했을 때, 영국의 빅토리아 여왕은 이 물감에 매혹되어 1862년 만국박람회를 개막하는 자리에 이 염료로 염색한 연보랏빛 드레스를 입고 나타나 주목을 끌었습니다. 또한 러시아 황제 니콜라스 2세의 아내 알렉산드리아도 이 색에 완전히 반해 궁전 안 자신의 방을 완전히 연보라색으로 꾸몄습니다.

그리하여 아닐린은 얼마든지 대량생산될 수 있는 인조염료임에도 아주 조심스럽게 대중들에게 전파되었고, 왕실이 무너져 가는 20세기 이후에야 민간에서도 널리 사용되었습니다.

보라·자주
62·63일째

클레오파트라는 왜 보라색 옷을 입고 안토니우스를 마중 나갔을까

 "나로서는 무엇인지 모르는 것 그 하찮은 것이 모든 땅덩어리를, 황후들을, 모든 군대를, 온 세계를 흔들어 움직인다. 클레오파트라의 코가 조금만 낮았더라면, 지구의 모든 표면은 변했을 것이다."

프랑스 철학자 파스칼이 한 말로, 여기서 '클레오파트라의 코'는 '절대적인 미모'를 뜻합니다. 문장 전체는 만약 클레오파트라가 그렇게 아름답지만 않았다면 로마의 명장 카이사르와 안토니우스가 허무하게 역사 저편으로 사라지지 않았으리라고 가정하는 것으로, 한 여인의 매력이 두 남자에게 큰 영향을 끼쳐 세계 역사를 바꾸었음을 날카롭게 분석한 것입니다.

그러나 클레오파트라는 실제로 미모보다 능력이 뛰어난 여성이었습니다. 여러 나라 말을 익혀 통역 없이 직접 대화할 수 있었을 뿐만 아니라 로마의 실력자 두 사람을 연달아 사로잡아 자기편으로 만들었으니까요.

더군다나 클레오파트라가 집권한 시기는 나라 안팎이 매우 불안정한 때였습니다. 이런 상황에서 강자의 힘을 이용한다는 건 보통 두뇌로는 불가능한 일이었습니다. 하지만 클레오파트라는 절묘한 방법으로 그렇게 만들었습니다. 과연 그 비법은 무엇이었을까요?

먼저 카이사르를 유혹한 방법은 이렇습니다.

이집트를 정복하러 온 로마 장군 카이사르에게 하인으로 하여금 카펫 선물을 전달하게 한 다음, 자신이 그 속에서 나오는 기발함을 발휘했습니다. 여자의 매력을 무기로 삼았던 것이며, 카이사르는 삼엄한 경비를 뚫고 들어온 그 재치에 감복하여 클레오파트라에게 단번에 빠졌답니다.

그렇지만 불행하게도 카이사르는 얼마 후 정치적 반대파들에게 무참히 암살되고 말았습니다. 이후 로마는 세 사람의 실력자에 의해 통치됐는데 그 중 한 사람인 안토니우스가 로마 동쪽의 식민지들을 방문하고자 했습니다.

이 때 클레오파트라는 안토니우스가 타르수스라는 도시에 있다는 소식을 듣고, 배를 타고 강을 거슬러 올라가기로 마음먹었습니다.

배에 온갖 보석을 장식하고, 바람을 받아 크게 부풀어 오른 돛을 보라색으로 하여 보는 사람이 호기심을 느끼도록 만들었습니다.

클레오파트라는 그런 배 안에서 보라색 옷을 입고 사랑의 여신 비너스처럼 분장한 채 비스듬히 누웠고, 악사들로 하여금 아름다운 음악을 연주하게 했습니다. 더불어 향기를 은은하게 날려 보냈습니다. 이렇듯 화려한 배는 미끄러지듯 서서히 강물을 거슬러 올라가면서 자연스럽게 안토니우스가 타고 있는 배 옆을 스쳐 지나갔습니다. 이 때 안토니우스는 자신도 모르게 그 배에 관심을 갖고는 안을 들여다보았습니다. 배 안에는 너무나 아름다운 여인이 마치 여신 같은 모습으로 누워 있었습니다.

'마치 살아 있는 비너스 같구나!'

안토니우스는 단순히 여인이 아름다워서가 아니라 전체적인 분위기에 홀린 것이었습니다. 이후 안토니우스는 기꺼이 클레오파트라를 애인으로 삼았습니다. 그런데 클레오파트라는 왜 하필 보라색 옷을 입었을까요?

그 이유는 보라색이 사람에게 차분한 느낌을 주는 동시에 환상의 세계로 이끄는 데 있습니다. 또한 보라는 신비한 분위기를 풍기므로 신들의 색으로 여겨지기도 했습니다. 사람의 마음을 사로잡는 방법을 깊이 연구했던 클레오파트라는 이러한 이치를 이용하기 위해 보라색 옷을 입고 보라색 돛을 장식한 것입니다. 클레오파트라의 전략이 모든 남자에게 통할 수는 없습니다. 하지만 그런 점을 알고 이용한 클레오파트라는 비범한 여인임에 틀림없습니다.

64일째 보라·자주

자주색이 서양에서 고난을 상징하는 이유

오디세우스는 서양문학에서 자주 나오는 인물 가운데 한 사람으로 호메로스의 서사시 '오디세이아'의 주인공입니다. '오디세이아'의 중심 주제는 이타카 왕국의 왕 오디세우스가 오랜 방황 끝에 마침내 가정과 왕국을 되찾는다는 것입니다. 그런데 '오디세이아'를 연극으로 할 때, 표류하는 오디세우스는 자주색 옷을 입고 등장합니다. 왜 그럴까요?

그리스 신화에서 오디세우스는 이오니아 해의 섬 중에 하나인 이타카 라에르테스 왕의 아들로 태어났으며, 트로이 전쟁에 참가했을 때 용맹무쌍한 아킬레우스를 지략으로 끌어들이고, 거대한 목마 속에 병사들

을 숨기는 계략으로 트로이를 멸망시킨 그리스 영웅입니다. 하지만 오디세우스는 바다의 신 포세이돈으로부터 미움을 받는 바람에 무려 20년 동안 여기저기 떠돌게 됩니다. 고대 그리스 시인 호메로스는 그런 내용의 신화를 바탕으로 대서사시 '오디세이아(Odysseia)'를 썼습니다. '오디세이아'는 '오디세우스의 노래'라는 뜻입니다.

이후 서양에서 오디세이아는 연극으로 자주 상연됐는데, 오디세우스가 여러 어려운 고비를 잘 넘기고 가정으로 돌아가는 내용은 사람들에게 '시련을 이기는 의지'와 감동을 주었습니다.

이 때 오디세우스 역을 맡은 배우는 시련의 시기에 자주색 옷을 입었는데, 그 이유는 자주색이 고난을 상징하는 색이라는 데 있습니다. 왜냐하면 자주색이 어두운 피의 색깔을 연상시키기 때문입니다. 같은 이유로 오늘날에도 서양인들은 자주색 옷을 그렇게 좋아하지 않습니다.

그러나 자주색은 우울증이나 전반적인 기능감퇴를 치료하는 자극 효과를 가지고 있으며, 원기를 북돋우는 효과도 있습니다.

따라서 오디세우스의 자주색은 고난으로 인한 슬픔과 동시에 고난 극복을 상징하는 셈입니다.

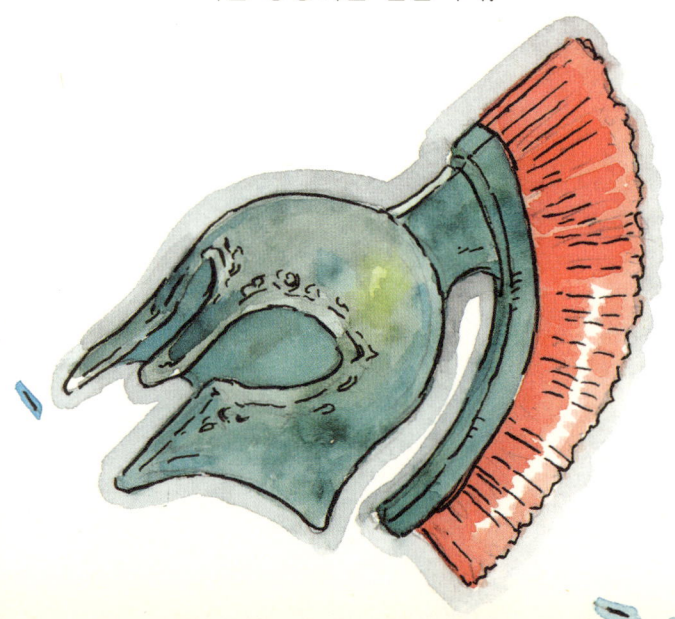

보라·자주 65일째

로마 황제는 왜 보랏빛 자주색 옷을 입었을까

고대 로마에서 고위 관리나 정치인들은 흰색 옷을 입었습니다. 그런가 하면 로마 황제들은 자주색 옷을 입었습니다. 왜 그랬을까요?

로마 전통의상을 '토가'라고 합니다. 토가는 한 장으로 된 활(弓) 모양의 천으로서, 몸에 감아 입는 형태의 옷을 말합니다. 토가는 색깔에 따라 나름의 상징적인 의미를 지니고 있었습니다. 집정관(정치를 담당한 최고 관리)은 흰 천에 붉은 자색 테두리 장식을 한 토가를 입었고, 장래 관리가 될 사람들은 새하얀 토가를 입었습니다. 이는 흰색처럼 깨끗한 마음으로 정치를 하겠다는 뜻이었습니다.

이에 비해 황제는 한쪽 면에 금색실로 자수를 놓은 호화로운 보랏빛 자주색 토가를 입었는데 여기에는 나름의 이유가 있었습니다.

우선 보랏빛 자주색이 신비하고 성스러운 느낌을 준다는 데 있습니다.

지중해 근처의 나라들이 보랏빛 자주색을 왕의 색으로 삼은 데서 알 수 있듯이, 보랏빛 자주색은 심리적인 이유에서 황실의 색으로 당연시된 것입니다. 또 하나의 이유는 보랏빛 자주색이 무척 귀했던 데 있습니다. 그 무렵 보랏빛 자주색은 바다에 사는 달팽이의 분비물로 만들었는데, 보랏빛 자주색 염료 1ℓ를 얻으려면 달팽이 점액 20ℓ를 열흘 동안 은근한 불에 달여 졸여야 했습니다. 그래서 당시 사람들은 보랏빛 자주색을 '달팽이의 피'라고 말했습니다.

이렇듯 어렵게 얻은 추출물은 처음엔 노란색이었고 여기에 옷을 담가도 노란색이 됐습니다. 그렇지만 염색된 옷을 햇볕에 말리면 초록이 되다가 빨강을 거쳐 보랏빛 자주색으로 변했습니다. 그리고 이렇게 바뀐 색은 이후 햇빛을 아무리 쐬어도 다른 색으로 변하지도 누렇게 되지도 않았습니다.

바로 그런 특성이 보랏빛 자주색을 특별한 색으로 여기게 만들었습니다. 대부분의 색들이 햇빛을 오래 쐬면 희미해지는데, 유독 변하지 않는 보랏빛 자주색의 성질이 '영원'을 상징하면서 '영원한 존재'인 황제의 색으로 된 것입니다.

제 6장

하양

하양 66일째

웨딩드레스는 왜 흰색일까

"자, 이제 신부 입장이 있겠습니다."

사회자 안내가 있은 뒤 흰색 웨딩드레스를 입은 신부가 예식장 안으로 걸어 들어가면, 손님들은 박수로 신부의 앞날을 축복해 줍니다. 그런데 결혼식을 치르는 여성들은 으레 흰색 웨딩드레스를 입습니다. 왜 그럴까요?

신부가 흰색 결혼예복을 입은 것은 고대 그리스 시대부터입니다. 이 때의 흰색은 '순결'이 아닌 '환희'를 뜻했습니다. 흰색을 통해 햇살처럼 환한 기쁨이 가득하기를 바랐던 것이지요. 고대 로마 시대의 신부들도 흰색 옷을 입었지만, 악마를 쫓아 낸다고 여겨진 붉은색 베일을 쓰는 게 그리스 시대와 달랐습니다. 로마에서 시작된 붉은색 베일의 풍속은 점차 붉은색 옷과 조화를 이루게 됐고, 그 습관은 르네상스 시대에까지 계속 이어져 중세 유럽 신부들은 붉은색 예복을 즐겨 입었습니다.

단지 크리스트 교 사람들만이 흰색 예복을 입었는데, 흰색 예복에는 '순종', '순결'의 뜻이 담겨 있었습니다. 고위 성직자에 여성이 없는 데서 짐작할 수 있듯, 이는 크리스트 교 신앙이 남성 우위 관념인 것과 연관 있습니다. '신부는 신랑에게 순종한다'는 의미였던 것입니다.

전통적으로 크리스트 교 사람들의 결혼예복이었던 흰색 웨딩드레스는 19세기 이후부터 결혼예복의 상징으로 널리 퍼졌습니다. 기본적으로 청결함과 맑은 이미지를 좋아하는 여성 취향에, 남성에 대한 의존이 자연스러운 사회 분위기가 순종과 순결을 상징하는 흰색 웨딩드레스를 당연하게 만든 것입니다.

우리 나라에도 19세기 말부터 조금씩 서양풍의 결혼예식이 도입되어 전통 혼례복 대신 흰 한복에 베일을 늘어뜨리는 예복이 유행하게 되었습니다. 그러다가 1970년을 전후로 서양식 웨딩드레스와 거의 비슷한 웨딩드레스가 보편화되었습니다.

따라서 이렇듯 다양한 역사와 문화를 지닌 웨딩드레스는 환희, 순결, 순종, 맑음, 기쁨 등의 상징을 담고 있는 셈입니다.

하양
67일째

항복할 때 왜 흰색 깃발을 흔들까

1945년 4월 29일

독일은 라디오를 통해 국민들에게 창가에 흰색 침대보를 걸쳐 두고 미군들에게 저항하지 말라고 방송했습니다. 이튿날 히틀러는 자살했고 독일이 연합군에게 항복을 선언함으로써 수많은 사람들을 죽고 다치게 만들었던 제2차 세계대전이 끝났습니다. 흰색 침대보는 '항복'을 뜻하는 백기의 표시였던 셈입니다.

왜 '백기투항', 즉 흰색 깃발을 던지는 게 항복을 상징할까요?

그 유래는 옛날에 전쟁 때 군대가 깃발을 앞세우고 싸운 데서 찾을 수 있습니다. 목숨을 건 싸움에서 이기려면 군사들의 사기가 드높아야 하므로, 그렇게 만들기 위해 맨 앞에서는 화려한 깃발을 내세우고 뒤에서는 큰북을 쳐서 감정을 흥분시켰습니다.

이 때 깃발에는 절대로 죽지 않는 불멸의 동물이나 강한 느낌의 무늬가 그려지기 마련인데, 초기의 깃발 색깔은 매우 화려하고 밝은 원색이 대부분이었습니다. 염색 기술이 발달하지 않던 시대에 강한 원색은 금방 눈에 띌 뿐만 아니라 병사들에게 어딘지 모르게 힘을 느끼게 해 주었기 때문입니다.

전투에서 이길 경우 무엇보다 자기 나라(혹은 군대) 상징 깃발을 세운 것도 그런 자부심의 표현입니다.

하지만 싸움에서 밀릴 경우에는 상황이 달라집니다. 군대를 거느린 우두머리는 모두 죽을 때까지 계속 맞서 싸울 것인지, 아니면 수치스럽더라도 무모한 죽음을 피하기 위해 항복할 것인지 빨리 결정해야 합니다. 후자를 택했을 때, 백기를 올렸습니다.

자기 군대를 상징하는 깃발이 아니리 흰색 깃발을 올렸다는 것은 싸우기를 포기한다는 뜻이자, 우리 군대는 없는 거나 마찬가지라는 의미였습니다. 이런 까닭에 흰색 깃발은 더 이상 싸울 마음이 없는 항복을 상징하게 됐습니다.

권투 경기에서 일방적으로 얻어맞는 선수의 매니저가 흰색 수건을 던져 경기 포기를 알리는 행위도 백기투항에서 갈라져 나온 것입니다.

하양 68·69일째

흰 동물을 왜 상서롭게 여길까

"반가운 소식입니다. 설악산에 백호가 나타났다고 합니다."
조선 시대에 흰색 호랑이가 발견되면 대단히 좋은 일로 여겨 국왕이 사는 궁궐에까지 보고되곤 했습니다. 백호만이 아닙니다. 흰색 사슴이나 흰색 뱀도 희소식으로 다뤄진 동물입니다. 또한 요즘에도 백호나 흰 사슴은 특별한 동물로 관심을 끌고 있습니다.
왜 그럴까요?
흰 동물을 좋은 징조로 여긴 것은 신화적으로 흰색이 '출산'과 '행운'을 상징하기 때문입니다.
고구려의 주몽은 알에서 태어난 난생 설화를 지녔는데 이는 천신(天神)이 하늘에서 내려온 성스러움을 상징합니다. 삼국유사에 따르면, 햇빛이 유화부인을 비추자 그로부터 태기가 있어 알 하나를 낳았으며,

알에서 나온 아기가 주몽입니다. 여기서 흰색은 밝게 빛나는 햇빛을 의미합니다. 또 흰 말의 보호를 받으며 태어났다는 박혁거세의 신화도 흰색의 상서로움(길한 일이 있을 듯함)을 설명하고 있습니다.

이런 정서는 삼국 시대 이전부터 있었기에 다양한 관념을 만들어 냈습니다. 일찍이 고구려 벽화에서 나타나듯 백호는 풍수사상에서 서쪽을 지키는 영물이고, 백호가 나타나면 왕실의 왕자는 성질이 순해지고 부자는 더 이상 욕심을 부리지 않게 된다고 믿었습니다. 마음이 흰색처럼 맑아져 욕망이 사라지는 까닭입니다.

'흰 동물은 상서롭다.'는 믿음은 세월이 흐를수록 더욱 강해져 여러 동물로 확산되었습니다. 흰 사슴이 나타나면 좋은 일이 생긴다, 흰 곰 또는 흰 뱀이 나타나면 좋은 일이 생긴다 등등 흰색을 띤 동물은 무엇이든 특별하게 여겼습니다.

사실 동물의 세계를 살펴보면 흰색 동물이 희귀한 것만은 아닙니다. 북극에 사는 곰과 여우의 털 빛깔은 모두 흰색입니다. 눈과 비슷한 보호색으로서 흰색을 띠는 까닭입니다. 하지만 백곰이나 북극 여우 등 극지에 사는 동물들의 경우 흰색 털은 단지 보호색의 역할만 하지는 않습니다.

태양의 자외선은 지나치게 강해도 몸에 해롭지만, 부족하면 뼈를 만들 때 필요한 비타민 D가 결핍되어 병이 생기거나 뼈가 부러지기 쉽습니다. 짐승의 털은 직각으로 서 있어서 햇빛을 반사하는데, 짐승의 털 색깔이 진하면 광선은 여러 번의 반사를 하는 동안 털에 흡수되어 피부까지 도달하기 어려워집니다.

그러므로 햇빛이 부족한 지방에 사는 동물들의 털 색깔은 햇빛의 흡수율을 높이기 위해 대체로 희거나 옅은 것입니다.

문제는 극지방이 아닌 온대나 아열대 지방에 사는 동물들에게서 흰색이 드물다는 점입니다.

먹이 사슬에서 약자에 속하는 동물들은 대부분 주변 색과 비슷한 보호색을 하고 있고, 강자는 사자나 곰처럼 한 가지 색을 하거나 호랑이와 표범처럼 얼룩무늬로 당당한 자기 색을 가집니다. 어떤 경우든 흰색은 보기 힘들며, 약자의 경우 흰색은 가장 눈에 잘 띄는 먹잇감이나 다름없습니다.

바로 여기에서 인간의 독특한 관념이 생겼습니다. 동물들에게는 비정상적인 색채이지만 인간에게는 특별한 사람에게만 나타나는 행운의 징조로 여겨진 것입니다.

특히 권력자들은 자신의 통치기간에 흰 동물이 나타나면 이를 자기의 신성함으로 연결시켰고, 그런 목적에서 더욱 신비롭게 만들었습니다.

오늘날에는 흰색 동물이 상징성이 이전만큼 강하지 않습니다. 동물원에서 흰 맹수가 태어나면 옛날 관념을 빌려 경사로 여기거나, 어쩌다 붙잡힌 백사(흰 뱀)가 희귀하기 때문에 비싸게 팔릴 뿐입니다.

묘한 것은 동물이 인간의 세계에 들어왔을 때 흰색이 많아진다는 사실입니다. 개, 고양이, 돼지, 닭 등은 가축화되면서 흰색이 많아졌고, 그 비율은 점차 높아져 가고 있습니다. 이는 집 안이나 우리에 갇혀 햇빛을 적게 받고 생활하는 환경과 무관하지 않으니, 동물에게 있어서 흰색은 야성을 상실한 순종의 색인 셈입니다.

결국 인간의 인위적인 조작이 동물의 세계에서 흰색을 많이 만든 셈이며, 그 과정에서 본디 가졌던 상징이 약해져 가고 있습니다.

하양 70일째

그리스 신전이 온통 흰색인 까닭

"그리스 신전은 어떻게 생겼나요? 그 속에 정말 그리스 신들이 살았나요?"

안타깝게도 그리스 시대에 여러 신들의 신전이 세워졌음에도 불구하고 지금까지 온전한 모습으로 남아 있는 그리스 신전은 단 하나도 없습니다. 파르테논 신전, 아폴론 신전 등이 있긴 하지만 기둥과 지붕밖에 없습니다. 그런데 그리스 신전의 흔적을 보면 모두 흰색입니다. 왜 그럴까요?

그리스 신전은 그리스 신이 산 곳이 아니라 신을 모신 제단이었습니다. 고대 그리스 인들은 신전에 들어와서 경건한 마음으로 존경을 표시하고 소원을 빌었습니다.

그리하여 신전은 매우 화려하게 꾸며졌습니다. 기둥이나 조각에 황금을 칠하거나 아름다운 무늬로 멋을 낸 것은 당연한 일이었습니다. 신을 모시는 장소이니만큼 최대한 정성을 나타냈던 것입니다.

하지만 그리스 신전은 로마 시대 이후 점차 허물어지기 시작했고 중세 때에는 대부분이 무너지거나 부서졌습니다. 중세 유럽 전역에 퍼진 크리스트 교로 인해 그리스 신에 대한 신앙이 사라지면서 그리스 신전은 관심 밖으로 멀어진 것입니다. 누군가가 금속과 화려한 조각을 훔쳤고 전쟁이 벌어질 때마다 애꿎게 포탄을 맞아 부서지기도 했습니다.

때문에 근대 유럽 인들은 고대 그리스 인들이 그리스 신전을 흰색으로 단장했다고 믿었습니다. 남아 있는 흰색 기둥과 지붕, 그리고 흰색 조각상들을 통해 그렇게 판단한 것입니다. 재료로 쓰인 대리석은 별다른 장식을 하지 않아도 질감이 좋기 때문에 그런 믿음을 당연하게 만들었습니다.

하지만 19세기 고전연구가에 의해 그리스 신전과 조각에 원래는 색이 칠해져 있었음이 밝혀졌습니다. 신전의 벽에는 프레스코 그림이 그려지고 기둥에는 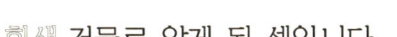초록 나뭇잎이 그려졌다는 것입니다. 결국 너무 오랜 세월이 흐르는 바람에 사람들이 그런 사실을 모르고 흰색 건물로 알게 된 셈입니다.

하양 71일째
사무직으로 일하는 사람을 왜 '화이트 칼라'라고 부를까

"와이셔츠가 무슨 뜻이에요?"
"Y자 모양이라서 와이셔츠 아닐까……."
와이셔츠와 넥타이는 20세기 이후 세계적으로 퍼진 남성의 기본 정장으로 단정하면서도 어딘지 멋진 느낌을 주므로 많은 남자들에게 사랑받고 있는 옷입니다.
그런데 양복 바로 밑에 입는 소매 달린 셔츠를 뜻하는 '와이셔츠'는 바른 말이 아닙니다.
정식 영어로는 '드레스 셔츠(dress shirts)'입니다. 드레스 셔츠는 초기에 흰색이 대부분이었습니다. 그래서 '화이트 셔츠(white shirts)'라고도 불렸습니다.
이걸 일본인들이 '와이샤쓰'라고 잘못 발음했고, 일제강점기에 그대로 우리 나라에도 전해졌습니다.

그래서 우리도 한동안 '와이샤쓰'라고 하다가 일본식 외래어를 몰아내기 위해 '와이셔츠'로 바꿨습니다. 화이트 셔츠가 옳지만 너무 오래 사용한 탓에 와이셔츠로 한 것입니다. 따라서 와이셔츠는 외국인이 알아들을 수 없는 우리만의 언어인 셈입니다.

그렇다면 회사 사무실에서 일하는 사람을 왜 '화이트 칼라'라고 말할까요? 이 말은 자본주의의 발달과 더불어 생겼으며, 경제적으로 여유 있는 사람의 옷차림에서 비롯됐습니다.

20세기 초 도시에 높은 빌딩이 경쟁적으로 들어섰을 때 그 곳에서 일하는 남자들은 흰색 셔츠를 입었습니다. 서류를 작성하거나 고객을 상담하는 일이 많은 까닭에 흰색으로 청결한 느낌을 주려고 한 것입니다. 흰색 셔츠를 입은 사람들은 몸을 더럽힐 필요가 없는 일을 주로 했으므로 여기에서 '화이트 칼라'는 '사무직 직원'을 뜻하게 됐습니다. '칼라'는 셔츠의 목둘레에 길게 덧붙여 다는 부분을 말합니다. 이는 당시 노동자들이 파란 셔츠나 회색 셔츠를 입은 것과 대비되는 말이었으며, 같은 이유로 노동자는 '블루 칼라'라고 부르게 됐습니다.

72·73일째

심봉사는 무슨 뜻이고, 장님은 왜 흰 지팡이를 갖고 다닐까

'심청전'에서 효녀 심청은 눈먼 아버지 심봉사의 눈을 뜨게 하려고 공양미 300석에 뱃사람에게 자기 몸을 팔아 바다에 몸을 던집니다. 그러나 용왕의 도움으로 다시 생명을 얻어 황후가 되고, 이후 맹인 잔치를 베풀어 아버지를 다시 만나 심봉사는 그 반가움에 눈을 뜨게 됩니다.

그런데 심청의 아버지 이름은 '심학규'이지만 주변 사람들로부터 '심씨'가 아니라 '심봉사'라고 불렸습니다. 왜 그랬을까요?

'봉사'는 원래 조선 시대에 관상감, 전옥서, 사역원 등에서 일하는 종8품의 낮은 벼슬을 가리키는 말입니다. 관상감은 날씨와 관련된 일, 전옥서는 감옥에서 죄수를 살피는 일, 사역원은 외국어 통역이나 번역을 맡은 관공서였는데 봉사는 여기에서 심부름을 하는 사람이었습니다. 그런데 나라에서는 이 봉사 직책에 맹인들을 많이 뽑아 일을 하게 했습니다. 맹인들의 발달된 청각을 이용하는 한편 장애인에게도 일을 주기 위함이었습니다.

맹인들은 앞을 보지 못하므로 자연히 청각을 통해 정보를 받아들이는 능력이 일반인보다 뛰어납니다. 따라서 맹인들은 바람 소리, 부스럭거리는 소리, 말소리에도 민감히 반응하는 까닭에 날씨 변화를 파악하고, 죄수들의 움직임을 점검하고, 외국인들의 말을 알아듣는 일을 잘 처리했습니다.

이처럼 봉사 직책에 맹인이 많았기에 어느 사이 벼슬 이름이 그냥 '맹인'을 높여 부르는 말이 되었습니다. 심청전에서 심학규를 심씨가 아니라 심봉사라 부른 이유도 여기에 있습니다.

'맹인'은 '눈이 먼 사람'이라는 뜻의 한자입니다. 맹인을 가리키는 또 다른 말 '장님'은 '杖(지팡이 장)' 자에 존칭어 '님' 자를 덧붙여 생겼다고 합니다. 아마도 벼슬 이름 봉사에 영향을 받아 다른 장애인과 달리 존칭어가 붙은 것으로 여겨집니다.

한편, 오늘날 장님들은 거리를 다닐 때 흰색 지팡이를 갖고 다닙니다. 지팡이야 길을 더듬기 위해서 사용하는 것이지만 왜 여러 색깔 중에서 굳이 흰색일까요?

전통적으로 지팡이는 승려나 노약자가 사용하는 도구입니다. 특히 노인이 많이 짚으므로 노인의 상징처럼 되었고, 노인은 생각이 깊고 지혜로운 편이므로 지팡이는 지혜를 상징하기도 합니다.

그러나 장님이 사용하는 흰색 지팡이는 '도움이 필요한 사람'이라는 표시로서, 흰색 지팡이는 국제적으로 공인된 보호 조치의 상징입니다. 그러므로 흰색 지팡이는 공중시설과 교통질서에서 최우선의 보호를 받게 돼 있습니다. 지팡이 색깔을 흰색으로 한 것은 혼잡한 거리나 어둠 속에서 다른 사람들의 눈에 잘 띄도록 하기 위해서입니다.

그렇다면 맹인의 흰색 지팡이는 언제부터 등장했을까요?

흰색 지팡이는 제1차 세계대전 중에 프랑스에서 공식적으로 채택된 것이 시초입니다. 1931년 캐나다 토론토에서 개최된 국제 라이온스 대회에서 흰색 지팡이 기준을 마련했고, 얼마 후 미국에서 "시각 장애인은 흰색 지팡이를 가지고 다녀야 한다."라는 내용의 법을 시행했습니다. 1962년에는 미국 대통령 케네디가 "시각 장애인에게 흰색 지팡이를……."이라는 말로 시각 장애인의 기본권리를 사회적으로 보장해 주어야 함을 강조했습니다. 그 뒤 1980년 세계 맹인 연합회가 10월 15일을 '흰색 지팡이 날'로 공식 제정했습니다.

정리해 말하자면, 흰색 지팡이는 노인의 지팡이와 구별하는 동시에 동정이 아닌 독립의 상징입니다. 혼자서 돌아다닐 수 있는 자립의 상징이 곧 흰색 지팡이인 것입니다.

하양 74일째

로마 교황 선거 결과를 흰색 연기로 알리는 이유

교황 4월 2일 선종. 2005년 4월 3일 세계 모든 신문과 방송은 일제히 위와 같은 소식을 알렸습니다. 살아 있는 동안 세계 곳곳의 사회적 약자에 대해 사랑을 베풀었던 로마 교황청의 요한 바오로 2세가 "나는 행복합니다. 그대들도 행복하시오."라는 유언을 남기고 하느님 곁으로 가셨기 때문입니다. '선종'은 가톨릭 용어로 큰 죄가 없는 상태에서의 죽음을 뜻하는 말입니다.

교황은 가톨릭 최고 우두머리인 까닭에 성대히 장례식을 치르고, 보름 뒤 후임자를 뽑습니다. 로마 교황을 뽑는 의식을 '콘클라베'라고 하는데, '함께'라는 뜻의 '콘'과 '열쇠'를 의미하는 '클라베'의 합성어입니다. 교황 선거가 있을 때 추기경들이 함께 모여 투표하는 시스티나 성당이 바깥쪽에서 자물쇠가 잠겨 출입이 완전히 통제되기 때문에 생긴 말입니다.

교황 선출은 바깥세상 사람들에게도 큰 관심사입니다. 그리하여 교황청에서는 밖에서 기다리는 사람들을 위해 굴뚝 연기로 신호를 내보내는데, 새 교황의 탄생이 결정되면 흰색 연기, 아직 결정되지 않았을 경우에는 검은색 연기를 내보냅니다.

검은색 연기를 낼 때는 기름을 묻힌 지푸라기를 태우며, 흰색 연기를 낼 때는 투표용지에 약품을 섞어 불을 지핀다고 합니다.

교황의 새로운 탄생을 흰색 연기로 정한 풍습은 '연기'와 '흰색'의 상징성과 관계 있습니다.

전통적으로 수렵을 일삼았던 유럽 인들은 사냥을 하다 야영할 때는 연기를 피워 놓고 맹수들의 접근을 막았는데, 이 때 연기는 맹수뿐 아니라 귀신도 무서워하는 존재로 여겨졌습니다. 또한 연기는 하늘에 이르는 교통신호로 인식되기도 했습니다.

그런 연기의 상징성에 성직자의 순결을 상징하는 흰색이 어우러져 교황의 거룩한 탄생을 흰색 연기로 알리게 된 것입니다.

제 7장

검정

검정 75일째
위기에 나타나 도와 주는 '흑기사'의 유래

"○○7빵!"
"어유, 또 걸렸다. 왜 나만 걸리지?"
"내가 흑기사 해 줄게."

여러 사람이 모여서 벌칙을 정한 뒤 놀다가 자꾸 특정한 사람만 걸리면 당사자는 매우 힘들어합니다. 이 경우 누군가가 기꺼이 나서서 도와 준다면 무척 고맙게 느껴지는데, 그런 사람을 흔히 흑기사라고 합니다. 왜 그럴까요?

'흑기사'는 영국 작가 월터 스콧이 1819년 발표한 소설 『아이반호』에 나오는 인물입니다. 소설의 내용은 대략 이러합니다.

중세 영국에서 색슨족과 노르만족이 대립하고 있을 때 기사 아이반호는 앵글로색슨계 로위너 공주를 사랑했지만, 공주를 색슨 왕족에게 보내려는 아버지에 의해 부자 사이의 정이 끊기고 맙니다. 그래서 그는 사자왕 리처드 1세를 따라 십자군 전쟁에 나섭니다. 그런데 멀리 원정을 떠난 사이 리처드 왕의 동생 존이 노르만 귀족과 손을 잡고 왕위를 뺏고자 음모를 꾸몄습니다. 그 소식을 들은 아이반호는 급히 돌아가서 노르만 귀족 일파를 무찌릅니다. 이 때 아이반호는 마상시합에서 이기기는 했으나 상처를 입어서 치료를 받다가, 노르만 귀족 프론디부프 일당에게 붙잡혀 아버지가 갇힌 성으로 끌려갑니다.

하지만 위기의 순간, 검은 복면을 쓴 정체불명의 기사가 나타나서 아이반호를 구해 줍니다. 소설의 마지막 부분에서 흑기사의 정체가 밝혀지는데 바로 리처드 왕이었습니다. 리처드 왕이 아이반호와 로위너 공주가 결혼하도록 도와 주면서 이야기가 끝납니다.

이후로 신분을 감추고 남모르게 다른 사람을 도와 주는 사람을 가리켜서 '흑기사'라고 하게 됐으며, 나아가 스스로 나서서 어려움에 빠진 사람을 돕는 이도 흑기사라고 하고 있습니다.

검정 76일째
조직폭력배들은 왜 검정 옷을 입고 다닐까

"**나쁜** 아이들은 왜 몰려다녀요?"
학교에서 아무 잘못 없이 못된 아이에게 괴롭힘을 당한 아이가 엄마에게 묻는 말입니다. 가만 보면 정말 그렇습니다. 누군가를 괴롭히기를 좋아하는 괴팍한 아이들은 항상 몰려다닙니다.
왜 그럴까요?
그 이유는 혼자서는 못된 짓을 하기 어려운 데 있습니다. 그래서 쉽고 편하게 남의 이익을 빼앗거나 남을 괴롭히면서 자기가 우월하다는 것을 느끼고자 나쁜 아이들은 둘이나 셋 혹은 그 이상 모여서 착한 아이를 괴롭히는 것입니다. 아이들만 그런 게 아닙니다. 어른 세계에도 몰려다니며 나쁜 짓하는 이들이 있습니다. 바로 조직 폭력배들입니다.
조직 폭력배는, 법의 보호를 받지 못하거나 법의 테두리 밖에서 생활하는 이들을 강압적이거나 교묘히 협박하고 괴롭혀서 돈을 뜯어 냅니다. 이탈리아의 마피아, 일본의 야쿠자는 세계적으로 악명 높은 조직 폭력배 집단입니다.

그런데 마피아나 야쿠자 단원들은 검정 옷을 입고 있는 경우가 많습니다. 동양이든 서양이든 패거리의 두목을 맞이하는 부하들은 검은색 정장을 차려입은 채 죽 늘어서서 정중하게 인사를 합니다. 이건 또 왜 그럴까요?

사실 검은색을 조직 구성원들에게 입게 한 역사는 뜻밖에 깊니다. 가까이는 이탈리아 독재자 무솔리니가 1919년 파시스트 운동을 전개했을 때, 추종자들에게 검정 셔츠를 입게 하였습니다. 이 때의 검은빛은 무자비와 냉정한 잔인을 강조하는 위협과 공포의 상징색이었습니다. 독일의 나치 친위대 역시 검정 옷을 입었는데, 위협과 공포뿐만 아니라 엄정한 권위와 규율을 강조하기 위함이었습니다.

즉 검정은 내부적으로는 집단의 단결력을 과시하고 외부적으로는 상대에 대해 위협감을 강조하기 위한 목적으로 이용되었던 것입니다. 마피아 단원들이 검은색 양복을 즐겨 입는 이유가 여기에 있습니다. 상대에게 강한 인상을 주기 위해서 검은색을 택한 것입니다.

검정 77일째
'요주의 명단'을 의미하는 '블랙리스트'의 유래

스페인 화가 피카소는 살아 있을 때 예술성을 높이 평가받고 경제적으로도 풍족한 생활을 한 복 많은 화가입니다. 하지만 그에게도 고난은 있었습니다. 배고픔에 허덕였던 젊은 시절의 파리 생활, 제2차 세계대전 때 타락한 예술가로 비난받아 독일군의 블랙리스트 첫머리에 적힌 일 등 수없이 많습니다.

그러나 피카소는 제2차 세계대전이 끝난 뒤 전쟁 중에 그린 '게로니카' 그림 덕분에 레지스탕스의 대표적 예술인으로 여겨져, 프랑스 파리 해방 기념으로 피카소 작품전이 열리는 행운을 얻었습니다. 이후 그는 세계적인 거장이 됐답니다. 전화위복(재앙 같은 나쁜 일이 오히려 복이 됨)인 셈입니다.

그런데 블랙리스트(blacklist)가 뭘까요? 제2차 세계대전 때 독일군

블랙리스트에 오른 사람은 잡히기만 하면 처형당했습니다. 이로 미루어 당사자에게는 매우 나쁜 의미의 명단입니다. 문자 그대로는 '검은색 명단'이지만, 정확한 뜻은 '요주의(각별한 주의가 필요함) 명단'입니다. 여기에는 유래가 있습니다.

1625년 영국 왕이 된 찰스 1세는 의회와 사사건건 심한 마찰을 겪다가 1649년 청교도 혁명이 일어나면서 의회파에 의해 결국 처형당하고 말았습니다. 왕정제도는 무너지고 그의 아들 찰스 2세는 프랑스로 쫓겨났습니다. 그런데 다시 왕정제도가 실시되면서 찰스 2세가 돌아와 영국 왕이 됐습니다. 이 때 찰스 2세는 자기 아버지를 법정에 세우고 처형당하게 만든 사람들의 명단을 만들었는데 이것이 바로 블랙리스트였습니다. 즉 복수하기 위해 적은 명단이 블랙리스트였던 것입니다.

이후 블랙리스트는 유심히 관찰할 대상자 이름들, 나아가 어떤 사회에서 문제를 일으킬 만한 가능성이 높아 따로 정리해 둔 사람들의 명단을 의미하게 됐습니다. 영국에서는 죄수 이름이 적힌 명단, 학교에서 규칙을 어긴 학생 장부, 군대에서 처벌대상자 명단 등을 모두 블랙리스트라고 합니다.

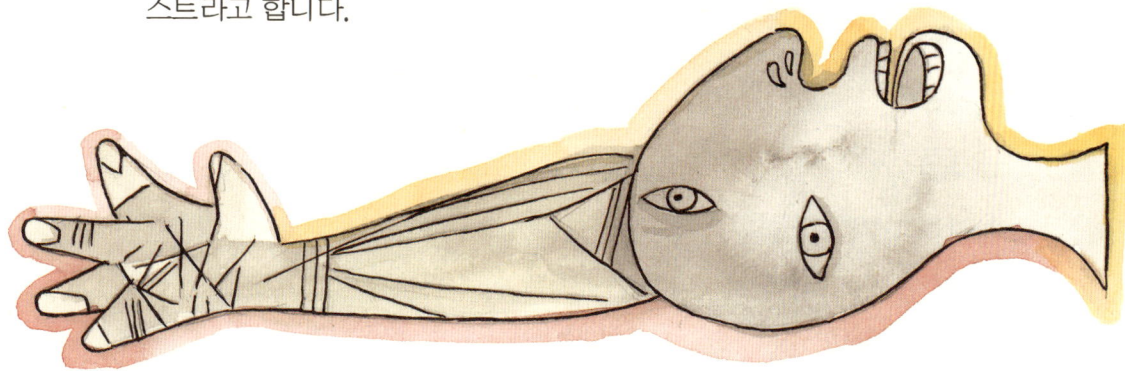

검정 78일째

블랙박스는 마술사의 검은 상자에서 유래

"수리수리 마수리 얍!"

마술사가 공연할 때 기합과 함께 속이 빈 상자를 열거나 빈 모자를 뒤집으면 거기에서 비둘기나 토끼가 나와 관객들을 깜짝 놀라게 합니다. 그런데 마술사들의 장비를 유심히 보면 대부분 검정입니다. 탁자, 상자, 모자, 복장은 물론 물건을 잠시 가리는 커튼이나 사람을 집어넣는 큰 보관함, 심지어 배경도 검정인 경우가 대부분입니다. 왜 그럴까요? 그 이유는 검정이 무엇을 숨기기에 가장 적합한 색이라는 데 있습니다. 따라서 마술사는 조명이 조금만 흐려져도 검정 속에 들어 있는 걸 몰래 빼내거나 집어넣어 사람들을 속이기 쉽습니다. 또 하나 검정은 등장하는 소품을 돋보이게 하는 역할도 합니다. 비둘기나 토끼처럼 흰색 동물일 경우 더욱 그렇습니다. 이런 이유로 마술사들은 검정을 배

경색으로 쓰기를 좋아합니다. 또한 마술사들은 검은 상자 속에서 소품을 하나씩 꺼내곤 했기에, '블랙 박스'는 마술사들의 검은 상자로 통했습니다. 그러니까 블랙 박스는 마술사의 검은 상자에서 유래된 말입니다.

그렇지만 지금의 블랙 박스는 전혀 다른 의미로 쓰이고 있습니다. 무엇일까요? 바로 비행기 안에서 행해진 모든 지시를 기록하는 '비행기록계'를 뜻합니다. 블랙 박스는 비행기가 추락했을 경우에도 절대 부서지지 않을 정도로 튼튼한 상자로서, 알 수 없는 정보를 알 수 있도록 변환시켜 주는 까닭에 마술사의 검은 상자처럼 신비하다 하여 같은 이름이 붙여졌습니다.

블랙 박스는 호주인 데이비드 워런이 1950년대 초에 발명했으며, 처음에 빨간색으로 칠했습니다. 왜냐하면 부서진 잔해 속에서 빨리 발견하려면 눈에 잘 띄는 색깔이어야 하기 때문이지요. 요즘의 블랙박스는 형광이 섞인 오렌지색으로 만들어지고 있습니다. 더 잘 보이게 하기 위해서입니다.

검정 79일째

왜 영국 변호사들은 법정에서 검정 옷을 입을까

미국의 자동차 왕 헨리 포드가 자신을 무식하다고 모욕한 신문사를 상대로 소송을 제기했을 때의 일입니다.

신문사 측 변호사는 초등 학교를 다니는 어린이라면 알 만한 질문들을 계속 던져서, 가난 때문에 어려서 제대로 교육받지 못한 포드에게 모욕 주려고 했습니다. 포드는 은근히 화가 났지만 꾹 참고 재판장에게 이렇게 말했습니다.

"저는 무엇이든 대답해 줄 수 있는 똑똑한 직원을 쓰고 있는데, 저런 내용까지 일일이 외울 필요가 있을까요?"

재판장은 그 말에 고개를 끄덕거렸다고 합니다. 위 이야기에서 보듯 변호사는 사건 당사자를 대신하여 변명하거나 질문하는 직업인입니다. 자본주의 국가에서는 누구든 돈을 주고 변호사를 고용할 수 있는데 위의 경우는 고소당한 신문사가 그렇게 했습니다.

그런데 미국은 그렇지 않지만, 영국 변호사들은 의뢰인을 변호하기 위하여 법정에 들어설 때 검은 옷을 입는 게 관습입니다.

왜 그럴까요?

그 유래는 17세기 말로 거슬러 올라갑니다. 1694년 영국 왕 윌리엄 3세는 사랑하는 메리 왕비가 죽자 너무나 슬픈 나머지 이렇게 명령했습니다.

"영국의 모든 변호사는 애도의 뜻으로 검은색 법정 드레스를 입으라."

왕으로서는 어떤 순간에라도 왕비의 죽음을 슬퍼하기를 바라고 그렇게 한 것입니다. 윌리엄 3세는 죽을 때까지 자신의 명령을 취소하지 않았고, 이후 즉위한 왕들도 별다른 말을 하지 않았습니다. 그에 따라 영국 변호사들은 수백 년이 넘는 세월 동안 의뢰인을 변호하고자 법정에 들어설 때마다 관습에 따라 메리 왕비를 위한 검은색 상복을 입고 있는 것입니다.

검정 80일째
유럽 수도자는 왜 검은색 옷을 입을까

불량배들이 한 청년을 위협하려다가, 조금 떨어진 곳에 온통 검은색으로 된 옷과 두건을 뒤집어쓴 남자 세 명이 두 손을 모아 힘을 모으는 모습을 발견했습니다. 그런데 그 광경이 마치 지옥에서 온 저승사자 혹은 암흑의 무리로 보였기에 불량배들은 자기들이 오히려 봉변을 당할까 무서워 그 자리에서 도망쳤습니다.

독일 영화 '신과 함께 가라'의 한 장면으로, 검은색 옷을 입은 사람들은 사실 수도자였습니다. '수도자'는 신앙의 도를 닦는 사람을 말하며, 남자는 '수사', 여자는 '수녀'라고 합니다. 그런데 왜 수도자는 검은색 옷과 두건을 뒤집어쓰고 다닐까요?

수도자들은 로마 가톨릭교회가 인가한 수도원에서 공동생활을 하며 신앙과 관련된 일을 합니다. 그런 활동을 위해 모이는 모임을 수도회라

고 하는데, 처음 수도회가 만들어졌을 때 수사들이 입은 옷 색깔은 검정이 아니라 회색 또는 갈색이었습니다.

수사들은 쾌락과 거리가 먼 검소한 생활을 했으므로 일부러 화려하지 않은 수수한 색상의 옷을 입은 것입니다.

그렇지만 수도회에 따라 규칙이 다른 까닭에 약간 사치하는 수도회에서는 검정 수도복을 입기도 했습니다.

검정 염료는 회색, 갈색 염료보다 더 비쌌고 훨씬 단정해 보여 인기가 높았습니다. 이에 따라 검정은 수도회가 가장 좋아하는 색이 되었고, 지금도 크리스트 교 성직자들의 의복 색깔로 여겨지고 있습니다.

한편 수사들이 입은 옷을 '로브'라고 하며, 로브에 달려 있는 모자를 '후드'라고 합니다. 수사들이 이런 옷을 입은 이유는 나쁜 악령이 몸에 들어오는 것을 최대한 막기 위한 조치였습니다. 중세 유럽에서는 악령이 사람을 보는 즉시 달려들어 그 영혼을 오염시킨다고 믿었는데, 여기에서 비롯된 옷 모양인 것입니다.

검정 81일째

이슬람 여인들이 검은 차도르를 쓰는 이유

대부분의 이슬람 사회에서 10세 이상의 여성은 누구라도 외출할 때 검은색 차도르를 뒤집어써야 합니다. 왜 그럴까요?

'차도르'는 머리에서 발목까지 덮는 일종의 검은색 망토로, 페르시아 시대의 전통 복장입니다. 그 후예인 이란 사람들은 '차도리' 또는 '차디'라고도 합니다. 여성이 외출할 때는 반드시 차도르를 뒤집어써야 하므로, 이란에서 거리를 다니는 여성은 검은 천으로 온몸이 감싸여서 눈만 보입니다.

차도르는 모래바람이 심한 사막지대의 특성 때문에 생겼다고도 하며,

여자를 독차지하기 위한 남성들의 욕심 때문에 생겼다고도 합니다. 그런데 남성에게는 검은색을 강요하지 않은 것을 보면 그 이유가 다른 데 있음을 짐작할 수 있습니다.

바로 금욕입니다. 화려하고 현란한 색은 사람의 욕망을 자극하지만 검은색은 모든 욕망을 잠들게 합니다. 그러므로 이슬람 문화권에서는 여성들에게 순종과 금욕을 강조하기 위해서 검은색 차도르를 입게 한 것입니다.

또한 이슬람 문화권의 검정은 위협, 공포, 복종의 마음을 만들기 위해서도 이용됐습니다.

고대 통치자들은 밝은 대낮을 상징하는 흰색을 선(善)으로 하는 반면, 어둠을 상징하는 검은색을 악(惡)으로 규정했습니다. 이 때 태양이 지배하는 낮에는 착한 신이 세상을 다스리지만 밤에는 악마들이 돌아다니며 인간을 괴롭힌다고 주장한 바, 좋고 나쁨의 두 가지로만 판단하는 흑백논리가 여기에서 비롯됐습니다.

그렇지 않아도 인간은 어두움을 두려워합니다. 판단력의 90%를 차지하는 시각 정보가 차단된 상태에서는 당연히 그럴 수밖에 없습니다. 차도르는 이런 심리를 이용하여 만든 남성 중심적인 인권 억압의 관습인 것입니다.

검정 82일째

검은 그림자 그림을 왜 실루엣이라고 말할까

내 망막에는 마침내
재봉틀을 돌리는 젊은 어머니와
실을 감는 주름진 할머니의
실루엣만 남았다.

신경림 시인의 시 '어머니와 할머니의 실루엣' 중 일부입니다.
여기서 실루엣은 어린 시절 직접 보았던 풍경의 '희미한 잔상'을 뜻하며, 실루엣 어원이 '윤곽 안쪽을 검은색으로 칠한 단색 그림' 및 '옷을 입었을 때 나타나는 윤곽'인 데서 응용한 표현입니다.
이 밖에 실루엣은 검은 그림자 그림을 뜻하기도 합니다.
왜 실루엣이 그런 뜻으로 쓰일까요?

그 유래는 18세기 프랑스에서 찾을 수 있습니다. 당시 프랑스는 계속되는 전쟁 때문에 나라 살림이 어려워져 쇠망의 길로 치닫고 있었습니다. 루이 15세는 이 어려운 때 재정 쇄신을 하기 위해, 고등법원에서 이름을 떨치고 있던 실루에트를 재정 대신으로 임명했습니다.

국왕의 기대를 한 몸에 받은 실루에트는 과감하게 여러 부분을 개혁하기 시작했습니다. 나랏돈 지출을 최대한 억제하고, 왕이 쓰는 돈도 줄이는 등 철저히 돈을 아꼈습니다. 그는 화가가 쓰는 화구에까지 제약을 가했습니다.

빨강이나 파랑은 말할 것도 없이 모든 그림은 검은색 한 가지로만 그리도록 했습니다. 화가들은 하는 수 없이 흑백 그림을 그릴 수밖에 없었습니다.

실부에트는 얼마 가지 않아 여러 계층의 반발로 자리에서 물러났지만 이후에 또 한 번 화제를 낳았습니다. 그는 사람들이 호화로운 초상화를 그리는 데 큰 돈을 지출하는 걸 보고, 이전의 절약정신을 발휘하여 인물 특징을 옆얼굴로 나타내는 그림자 그림을 고안해 냈습니다. 이것은 그 후 크게 유행했으며, 그의 이름을 붙여 이런 방법이나 영상화를 '실루엣'이라 부르게 되었습니다. 재정 대신으로서는 실패했지만 그의 이름은 미술사와 패션계에 아직도 남아 있습니다.

검정 83일째

자동차 타이어는 왜 모두 검정일까

"아빠, 자동차 타이어는 왜 모두 검은색이에요?"
"거리를 많이 돌아다녀 때가 많이 타서 그런 거란다."
"예?"
"하하, 농담이다."

자동차는 모양이나 몸체 색깔이 다양하지만, 자동차 타이어는 한결같이 검은색입니다. 심지어 자전거에서부터 커다란 덤프트럭까지 타이어는 모두 검은색입니다. 왜 그럴까요?

차바퀴는 처음에 나무바퀴에서 출발하여 쇠바퀴를 거쳐, 쇠바퀴에 고무를 덧씌운 고무바퀴로 발전했습니다. 그렇다면 고무가 어떤 원리로 탄력 있는지 알아볼까요?

'고무'는 식물에서 나는 끈적끈적한 물질을 뜻하며, 콩과에 속하는 나

무나 관목의 껍질에서 얻습니다. 고무를 얻을 때는 나무 껍질에 상처를 내어 생산되는 계절 내내 액을 모읍니다. 이렇게 얻은 고무는 옅은 노란색의 작은 덩어리들로 이루어져 있습니다. 나무가 내뿜는 고무 원액은 나무 껍질이 상처를 입거나 세균, 곤충 등이 침범했을 때 스스로를 보존하기 위한 생리작용입니다. 이 고무가 타이어에 쓰는 원료가 되는 것입니다.

순수한 고무 타이어는 1865년 영국의 톰슨에 의해 처음 사용되었으며, 공기를 넣어 탱탱한 고무 타이어는 1888년 영국의 던롭이 고안한 뒤 널리 퍼졌습니다.

그런데 고무는 한 가지 결정적 단점이 있습니다. 마찰이 계속 되면 빨리 닳는다는 점입니다. 그걸 보완하지 않으면 어떤 고무 타이어도 며칠 이상 달릴 수 없습니다. 그래서 고무 타이어를 질기게 하기 위해 고무 속에다 '카본 블랙'이라는 물질을 넣는데, 그 때문에 타이어는 모두 검은색이 됩니다.

물론 다른 물질을 넣으면 여러 색깔의 타이어를 만들 수 있으나 카본 블랙보다 내구성이 뛰어난 물질을 찾지 못했기에, 계속 검은색 타이어만 생산되고 있는 것입니다.

제 8장

색다른 이야기

색다른 84·85일째

아기 옷 색깔이 남자 아이는 하늘색, 여자 아이는 분홍색인 까닭

"축하합니다. 아기가 건강하게 잘 자라기를 바랍니다."

"와 주셔서 감사합니다."

어느 집이든 아기 돌잔치가 벌어지면 부모의 친지나 친구들이 찾아와서 축하를 해 줍니다. 이 때 금반지를 선물하거나 남자 아이에게는 하늘색, 여자 아이에게는 분홍색 옷을 선물하는 경우가 많습니다. 왜 남자 아이는 하늘색, 여자 아이는 분홍색 옷일까요?

실제로 유아용품 판매장에 가 보면 남자 아이의 옷이나 물품은 대개 하늘색이나 엷은 파란색, 여자 아이의 물건들은 분홍색이나 엷은 분홍색임을 알 수 있습니다. 하지만 갓난아이들은 성별에 따라서 운명적으로 하늘색 혹은 분홍색을 좋아하지는 않습니다.

아기들은 성별을 가리지 않고 노란색을 좋아합니다.

그렇다면 왜 이런 차이를 둔 것일까요? 그 풍습의 유래는 서양에서 찾을 수 있습니다. 왜냐하면 우리 풍속에서는 남녀 성별을 가리지 않고 흰 옷을 입혔기 때문입니다.

옛날 서양에서 갓난아기 옷은 흰색이 대부분이었지만 상황에 따라 하늘색이나 분홍색을 입히기도 했습니다. 하늘색은 하늘의 색으로, 선한 신을 상징하는 색깔로 신의 보호를 받기 위한 것이었습니다. 성모마리아가 아기 예수를 안고 있는 그림을 보면 하늘색 천이 깔려 있는데, 여기서의 하늘색도 같은 상징입니다.

그런가 하면 분홍색 옷을 입힌 경우는 열정의 색인 '빨강의 작은 색'으로서 악마를 물리치기 위한 것이었습니다. 빨강이 부적의 색으로 통하던 시절에는 아이, 특히 남자 아이가 조금 자라면 빨강이나 분홍 옷을 입혀 길렀습니다. 바로크 시대에 분홍 드레스를 입은 귀족 가문 아이는 대개 소녀가 아니라 소년이었습니다.

요컨대 19세기까지만 하더라도 아기 옷은 성별에 상관 없이 대부분 흰색이었고, 일부 귀족 가문에서만 분홍 혹은 하늘색이었습니다.

그러나 20세기 이후 사정이 달라졌으니 그 유행은 미국에서 시작됐습니다. 제1차 세계대전이 끝난 1920년대에 미국에서 웃옷과 바지가 연결된 유아복이 처음 상품으로 나왔는데, 이 때 분홍이 여자 아이의 옷 색깔로 선보였습니다. 또한 하늘색은 남자 아이의 옷 색깔로 정해졌습니다. 당시 해군복이 크게 유행한 데 영향을 받아 남자 아이의 옷 색깔을 파랑 계열의 하늘색으로 하면서 여자 아이의 옷을 반대색인 분홍으로 한 것입니다.

이런 색깔 지정은 미국에서 당연하게 받아들여졌습니다. 왜냐하면 아기 색에 얽힌 이야기가 있기 때문입니다. 서양 전설에 따르면 이 세상에 태어나는 아기는 황새가 가져다 준다고 하는데, 황새는 남자 아이는 푸른 양배추 속에서, 여자 아이는 분홍 장미꽃 속에서 물어서 사람들에게 데려다 준다고 합니다.

이 전설은 본래 유럽에 있는 이야기로서 아메리카 대륙으로 건너온 백인들에 의해 미국에도 널리 전해졌고, 마침내 남자 아이와 여자 아이의 색깔 문화로 이어진 것입니다. 오늘날 아기 용품점에서 판매되는 남녀 아기의 색은 이런 과정을 거쳐 생겼습니다.

한편 18세기 유럽에서는 분홍이 상류층 남자들의 셔츠 색깔로 크게 유행했습니다. 반면에 여성들은 하늘색 드레스를 입고 우아함을 과시하는 등 이 시기는 파스텔 계통 색의 전성 시대였습니다. 남자의 분홍은 강한 빨강의 순한 색이기도 하거니와 분홍색이 어울리려면 얼굴이 하얘야 합니다. 그러므로 남자의 분홍 셔츠는 육체적 일을 하지 않는 고귀한 신분을 상징하기도 합니다.

흥미롭게도 조선 시대의 문관들 역시 분홍색 예복을 입었습니다. 조선 후기에 그려진 초상화들을 보면 분홍색 바탕에 학이 새겨진 흉배 달린 예복을 입은 문관이 많습니다. 동서양을 막론하고 이전에 분홍은 남자의 색이었던 것입니다.

하지만 분홍은 부드럽고 다정한 특성이 있는 까닭에 20세기 이후 여성의 옷 색깔로 바뀌었습니다. 이 경우 분홍은 발그레 달아오른 여성의 얼굴과 연결됩니다. 따라서 남자는 하늘색, 여자는 분홍색이라는 색깔 문화는 자연적인 것이 아닌 인위적인 사회 문화인 셈입니다.

색다른 86일째

전통 혼례식 때 왜 청사초롱을 사용할까

늴리리야 늴리리야
늬나노 난실로 내가 돌아간다
늴 늴리리 늴리리야
청사초롱 불 밝혀라
잊었던 낭군이 다시 돌아온다
늴 늴리리 늴리리야

조선 후기에 생긴 경기도 민요 '늴리리야'의 가사입니다. 무슨 뜻일까요?

'늴리리야'는 피리 소리를 따온 말로, 별다른 뜻 없이 흥을 돋우기 위해 쓰였습니다. '난실'은 '따뜻한 방'이란 뜻이며, '청사초롱'은 붉은색 바탕에 파란 실로 단을 둘러 만든 등불을 가리킵니다.

따라서 위 노래는 한동안 헤어졌던 신랑이 돌아오기에 신바람이 나서 따뜻한 방으로 돌아가 등불을 켜고 기다리겠다는 말이 됩니다.

그런데 왜 청사초롱을 켰을까요?

청사초롱은 본래 조선 시대에 궁궐에서 왕세손(왕위를 이을 왕자의 맏아들)이 밤길을 갈 때 사용되던 등불이었습니다. 이후 정3품 이상의 높은 관리가 밤에 다닐 때도 썼으며, 조선 후기에 들어서는 민간 혼례식에도 사용되었습니다.

혼례는 일생에 한번 치르는 큰 경사이니만큼 누구라도 높은 신분의 사람 같은 기분을 느끼도록 배려해 준 것입니다. 이에 따라 조선 후기에 청사초롱은 '혼례식'을 뜻하는 말로 쓰이기도 했습니다.

청사초롱은 색채 상징에 있어서도 남녀의 조화를 뜻합니다.

빨강은 밝은 기운, 파랑은 어두운 기운을 뜻하므로, 두 사람이 만나 어울리는 화합의 상징인 것입니다. 또한 혼례식에서의 청사초롱은 앞길을 비추듯 새로운 출발을 상징하기도 합니다.

색다른 87일째

빨강·초록 신호등의 유래

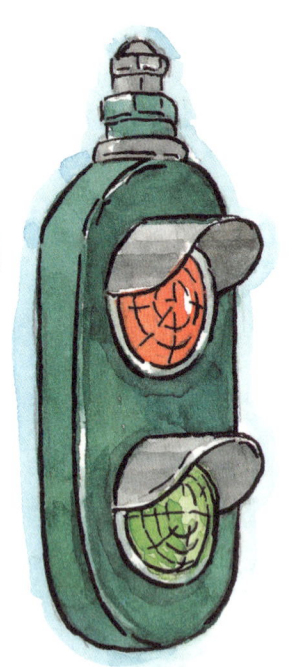

"끼이이익!"

길을 걷다가 요란한 소리에 고개를 돌려 보니 자동차가 급정거하고 있었습니다. 운전자가 신호등이 빨강으로 바뀐 걸 보고 급히 멈춘 것이지요. 그런데 신호등 색깔은 왜 빨강, 초록 혹은 빨강, 노랑, 초록으로 정해졌을까요?

'신호등'은 교통신호를 하기 위하여 켜는 등을 말하는데, 최초의 교통신호는 1868년 영국 국회의사당 근처 교차로 모퉁이에 빨강과 초록의 두 가지 색깔 등으로 선보인 것입니다.

다른 곳보다 유난히 복잡한 교통 상황에서 국회의사당에 드나드는 국회의원들을 조금이나마 보호하기 위한 설치였으며, 자동차보다 보행자

의 안전을 먼저 생각한 조치였습니다.

이 때 빨강은 '멈춤', 초록은 '진행'을 뜻했습니다. 그 이유는 빨강이 옛날부터 '위험'을 상징하는 색깔이고, '초록'이 맑은 날 빨강 다음으로 잘 보이는 색이라는 데 있습니다. '초록'은 흐린 날에 가장 잘 보이는 색이기도 합니다.

빨강, 노랑, 초록 3색이 사용된 신호등은 1918년 뉴욕에 처음 설치됐습니다. 그런데 3색 신호등은 보행자가 아니라 차량 통행을 돕기 위한 것이었기에 노랑이 추가됐습니다. 사람에게는 횡단보도를 건너느냐 마느냐만 신호로 보내면 되지만, 자동차는 교차로에서 왼쪽, 오른쪽으로 꺾어지기도 했기 때문입니다. 노랑은 빨강, 초록과 가장 분명하게 대비되는 색이어서 가운데에 들어가게 됐습니다.

사람이 조작하지 않고 기계에 의해 자동으로 조절되는 자동 교통신호등은 1920년대 초 미국 디트로이트에 처음 설치됐으며, 이후 미국뿐 아니라 자동차가 보급된 모든 나라로 퍼졌습니다.

한편, 파랑은 하늘 색깔과 비슷하여 대조를 이루지 못하기 때문에 신호등 색으로 채택되지 못했습니다.

색다른 88일째

이발소 광고등은 왜 파랑·빨강·하양 삼색 줄무늬일까

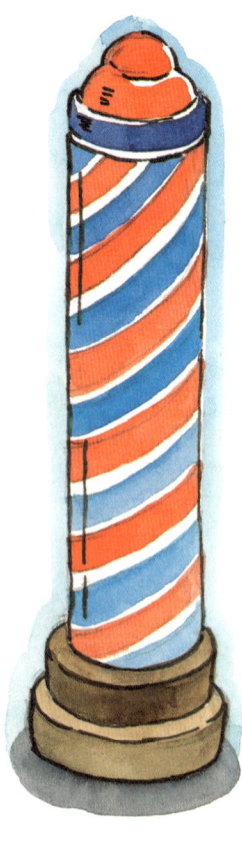

"어서 오세요!"

"예, 오래간만에 피를 뽑으려고요."

"그럼요. 건강관리에는 역시 피를 뽑는 게 최고입니다."

중세 유럽의 한 목욕탕 풍경입니다. 당시 유럽 인들은 일정한 시기마다 혈액을 몸에서 뽑아 내면 나쁜 피가 없어지는 만큼 맑은 피가 새롭게 생겨 활기를 얻게 된다고 믿고 있었습니다. 질병에 걸린 사람은 어떤 치료보다도 피 뽑기를 먼저 할 정도였습니다.

그래서 아픈 사람은 피를 뽑았는데, 그 일은 주로 목욕탕에서 이루어졌습니다. 몸이 따뜻해지면 피를 뽑기

쉬운 까닭에서였습니다. 그럼 누가 피 뽑는 일을 했을까요? 그 일을 맡은 사람은 목욕탕 주인이 아니라 이발사였습니다. 칼을 잘 다루기 때문입니다. 이발사는 손님의 몸 몇 군데에 상처를 낸 다음 공기 압력으로 피를 뽑아 냈습니다. 이 방법으로 병이 조금도 나아지지 않거나 오히려 병이 악화된 사람도 많았지만, 별다른 의학기술이 없는 상황에서 피 뽑기는 자연스레 행해졌습니다.

어찌됐든 이발사는 이런 일을 하면서 피에 관한 지식을 많이 알게 됐고, 그 경험을 바탕으로 외과수술까지 담당하게 됐습니다. 그리고 자랑스레 수술하는 곳임을 알리기 위해 표지를 만들어 세워 놓았습니다. 파랑, 빨강, 하양의 3색 줄무늬가 간겨져 있는 둥근 기둥이 그것으로, 파랑은 '정맥', 빨강은 '동맥', 하양은 '붕대'를 나타냅니다. 1540년 프랑스 이발사 메야나킬이 이발소 정문 앞에 처음 내걸어 사람들의 눈길을 끌었으며, 점차 세계 공통의 표시가 됐습니다. 1804년 프랑스 인 쟝 바버가 최초의 전문 이용사가 되면서, 이후 이발사와 외과의사는 직업이 분리되어 서로 다른 길을 걸었습니다. 하지만 그 상징만큼은 이발소가 계속 차지하고 있습니다.

색다른 89일째

유럽 국기에는 왜 세 가지 색깔의 삼색기가 많을까

나라마다 고유한 깃발이 있습니다. 우리 나라는 태극기, 미국은 성조기, 중국은 오성홍기, 일본은 일장기가 나라의 상징 깃발입니다. 그런데 유럽 국기를 보면 가로로 세 줄, 혹은 세로로 세 줄로 세 가지 색깔인 나라가 무척 많습니다. 왜 그럴까요?

삼색기의 원조는 프랑스 국기입니다.

1789년 7월 15일 프랑스 혁명이 시작된 다음 날, 국민군 총사령관이 된 라파예트는 파리의 상징색인 **파랑**과 **빨강** 사이에 프랑스 왕가인 부르봉가의 **하양**을 넣은 삼색을 국민군 모자에 붙이는 표지 빛깔로 정했습니다. 여기에서 삼색기가 탄생했습니다. 프랑스 삼색기는 세로 방향으로 왼쪽에서부터 **파랑·하양·빨강**의 순서로 되어 있는데 각각 자유, 평등, 박애를 나타냅니다. 이 국기는 처음에는 깃대에서 **빨강**·

하양·파랑의 순이었으나 바람이 부는 쪽인 파랑이 너무 눈에 띄지 않도록 하기 위해 1794년 파랑·하양·빨강의 순서로 바뀌었습니다. 그리고 파랑의 폭을 30%, 하양의 폭을 33%, 빨강의 폭을 37%로 분배하여 바람에 펄럭일 때 삼색이 같은 등분으로 보이도록 했습니다. 프랑스 인의 색채 감각을 보여 주는 사례라 하겠습니다.

이후 유럽에서 절대왕조가 무너지고 시민 중심의 국가들이 탄생하면서 프랑스 삼색기를 참조하여 삼색에 독특한 무늬를 넣거나, 또는 국민이 좋아하는 세 가지 색으로 국기를 만들었습니다.

하지만 역사를 좀더 거슬러 올라가면 색상 자체는 새로운 게 아닙니다. 프랑스만 하더라도 파리 시의 전통 문장 색깔에 부르봉 왕가의 가문색깔을 합친 것에 불과하고, 검정·빨강·노랑의 가로 삼색기인 독일 국기도 나폴레옹에 맞서 싸운 프로이센 용병의 복장색인 검정에 견장색 빨강과 단추색 노랑을 곁들인 것입니다.

유럽 인들은 전통문화 자체를 없애기보다 상징을 바꿈으로써, 역사를 살리며 새로운 이념을 알린 것입니다.

색다른 90일째

왜 왕궁이나 사찰에만 단청을 장식했을까

신라 시대 일입니다.

솔거가 황룡사 벽화에 늙은 소나무를 그렸더니 참새가 날아와 앉으려다 벽에 부딪혀 떨어지는 일이 많았습니다. 하지만 오랜 세월이 지나 다른 사람이 단청을 했더니 이후에는 날아드는 새가 없었다고 합니다. 솔거의 그림 실력이 대단했음을 알려 주는 이야기인데, 여기서 '단청'이란 뭘까요? 문자 그대로는 '빨강·파랑'이지만 건축 용어로는 사찰이나 궁궐 건물의 벽·기둥·천장 같은 데에 여러 빛깔로 그림과 무늬를 아름답고 장엄하게 그리는 것을 말합니다.

단청은 주로 궁궐이나 사찰에 그려졌는데, 그 목적은 건축물을 더욱 아름답게 꾸며 권위나 신성함을 표현하는 데 있었습니다. 또한 특별한 성역임을 나타내려는 이유도 있었습니다. 고구려 고분벽화에 다양한

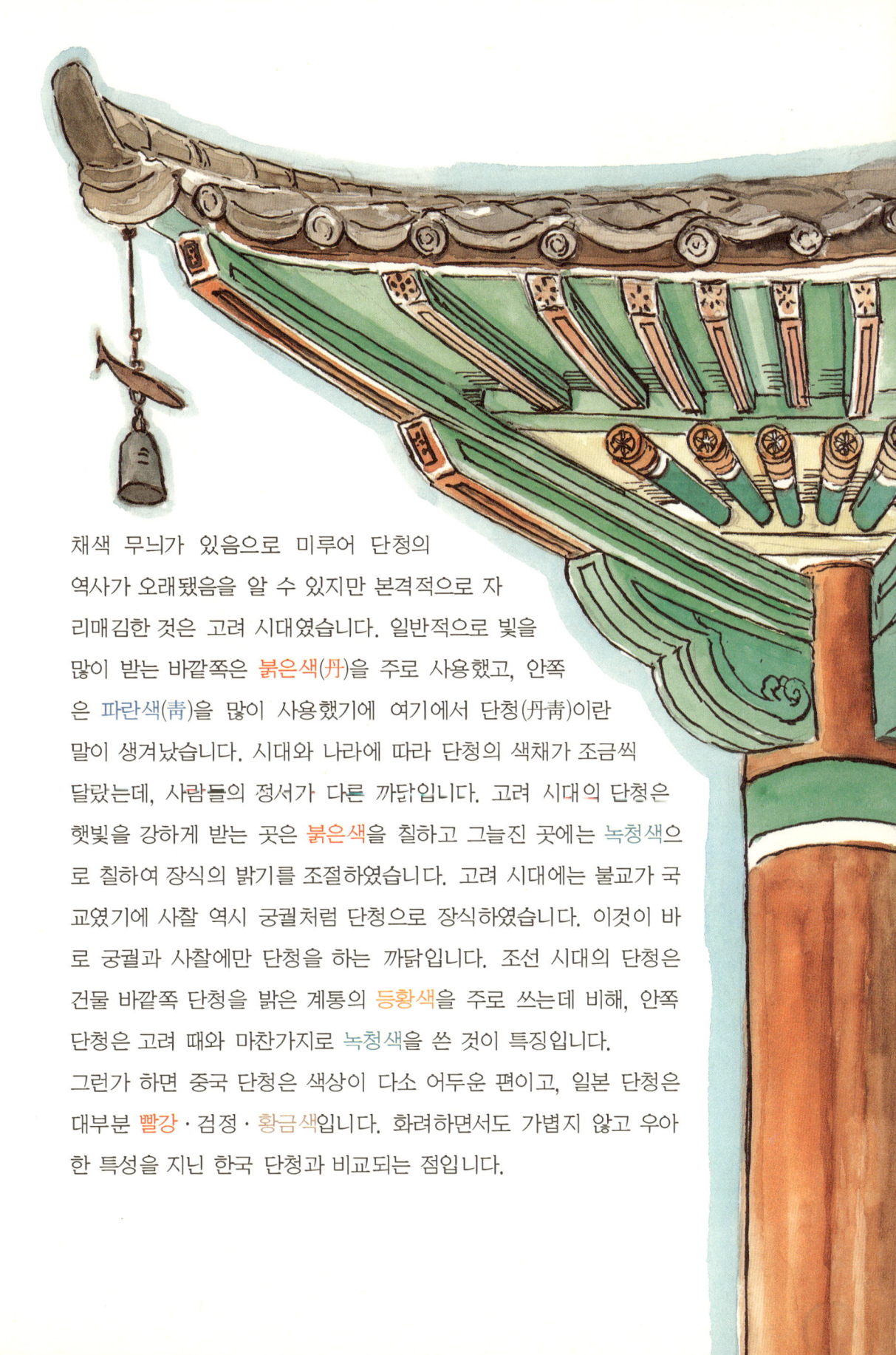

채색 무늬가 있음으로 미루어 단청의 역사가 오래됐음을 알 수 있지만 본격적으로 자리매김한 것은 고려 시대였습니다. 일반적으로 빛을 많이 받는 바깥쪽은 붉은색(丹)을 주로 사용했고, 안쪽은 파란색(靑)을 많이 사용했기에 여기에서 단청(丹靑)이란 말이 생겨났습니다. 시대와 나라에 따라 단청의 색채가 조금씩 달랐는데, 사람들의 정서가 다른 까닭입니다. 고려 시대의 단청은 햇빛을 강하게 받는 곳은 붉은색을 칠하고 그늘진 곳에는 녹청색으로 칠하여 장식의 밝기를 조절하였습니다. 고려 시대에는 불교가 국교였기에 사찰 역시 궁궐처럼 단청으로 장식하였습니다. 이것이 바로 궁궐과 사찰에만 단청을 하는 까닭입니다. 조선 시대의 단청은 건물 바깥쪽 단청을 밝은 계통의 등황색을 주로 쓰는데 비해, 안쪽 단청은 고려 때와 마찬가지로 녹청색을 쓴 것이 특징입니다.

그런가 하면 중국 단청은 색상이 다소 어두운 편이고, 일본 단청은 대부분 빨강·검정·황금색입니다. 화려하면서도 가볍지 않고 우아한 특성을 지닌 한국 단청과 비교되는 점입니다.

색다른 91일째

일본 가부키 배우들의 분장한 얼굴 색깔이 뜻하는 것

"**일본인**이 가부키를 보듯 런던 사람들은 주말이 되면 오페라를 즐깁니다."

어느 영국인이 한 말인데, 영국인의 오페라 사랑과 함께 일본의 가부키가 서양에도 널리 알려졌음을 일러 주고 있습니다.

가부키가 뭘까요?

가부키는 대략 400년 역사를 가진 일본의 대표적 고전연극으로, 여성들이 즐겨 추던 춤에서 탄생했습니다.

처음에는 서민들의 눈을 즐겁게 해 주기 위해 여자들이 춤을 추고 공연료를 받았습니다. 하지만 여자들의 춤이 남자들로부터 폭발적인 인기를 끌자, 일본 정부에서 여자들의 춤 공연을 중지시켰습니다.

"그렇다면 여자들을 대신하여 예쁘게 생긴 소년들이 춤추게 하면 되지."

변형된 모습으로 춤판이 벌어졌지만 이것마저 금지당하고 말았습니다.

'그래도 포기할 수는 없지. 이번에는 아예 성인 남자들로 여자 역할을 시켜 볼까.'

그리하여 마침내 남성들이 모든 역할을 담당하게 됐고, 춤에 연극적인 요소를 넣어 공연하였습니다. 또한 화려한 옷과 독특한 화장으로 관객들의 눈길을 끌었습니다. 거창한 무대장치를 배경으로 배우들이 과장된 몸짓으로 연기하는 가부키는 이렇게 해서 틀이 잡히게 됐습니다.

가부키는 서민들로부터 많은 사랑을 받았습니다. 별다른 볼거리가 없는 상황에서 연극과 음악이 어우러진 예술이 문화적 만족감을 주었기 때문입니다. 또한 별다른 지식이 없어도 배우 외모에 대해 몇 가지만 알면 내용을 금방 파악할 수 있다는 점도 인기의 한 요인이 됐습니다. 예컨대 얼굴을 하얗게 칠한 남자는 착한 사람이고, 하얀 얼굴에 파란색을 칠한 남자는 나쁜 사람이며, 하얀 바탕에 붉게 칠한 남자는 혈기 왕성한 사람을 나타냅니다. 어느 경우든 하얗게 얼굴을 칠하는 것은 선명하게 보이기 위해서입니다.

색다른 92·93일째

인류는 다른 동물과 달리 왜 색깔로 사물을 보게 됐을까

'박쥐가 사람이 듣지 못하는 소리를 듣는다면, 박쥐가 보는 색깔은 사람과 어떻게 다를까?'

'개가 사람보다 먼 곳 냄새를 맡는다면, 개가 보는 색깔은 어느 정도일까?'

동물 다큐멘터리를 보다 보면 가끔 그런 생각이 듭니다. 과연 어떠할까요? 동물의 시각 능력은 인간보다 얼마나 뛰어날까요?

동물과 사람 사이에 청각·후각 능력이 다른 것처럼 시각 능력도 크게 다릅니다. 결론부터 말하자면, 일반적으로 동물은 인간보다 청각·후각이 뛰어나지만 색채를 구별하는 능력은 뒤떨어집니다. 멀리 보는 시력은 독수리와 매가 사람보다 좋지만 색깔을 보는 능력만큼은 인간이 가장 뛰어납니다. 왜 그럴까요?

사실 인간이 느끼는 색은 만질 수 있는 물체가 아닙니다. 색은 시신경을 통해 들어온 빛이 두뇌에서 색상으로 반응하는 감각일 뿐입니다. 빛에 따라 저마다 다른 고유 파장에 의해 빛깔을 구별하는 감각을 '색각'이라 하는데, 인간의 색각이 다른 동물보다 우수합니다. 어떤 인류학자가 조사한 바에 따르면, 모든 언어에서 가장 먼저 생긴 색채 명칭은 하양과 검정입니다. 밝은 대낮과 어두운 밤이 최초의 색깔인 것입니다. 이어 빨강이 생겼는데 이는 불빛 혹은 태양을 나타낸 색깔입니다. 그 다음으로 초록과 노랑이 생겼습니다. 초록은 풀빛·나뭇잎의 색이며, 노랑은 열매 빛깔로서 초록과 노랑은 먹을 수 있는 것을 설명하기 위한 명칭이었습니다. 파랑을 비롯한 다른 색깔 명칭은 그 뒤에야 생겼습니다.

그렇게 보면 인간의 색각은 생존을 위한 탐색 능력의 발달인 셈입니다. 2001년 홍콩 대학의 너새니얼 도미니, 피터 루커스 교수는 사람을 포함한 일부 영장류가 먹을 수 있는 음식을 잘 고르기 위해 다양한 색을 구별할 수 있는 능력을 가지게 됐다고 주장하였습니다. 두 교수가 아프리카 우간다 국립공원에서 침팬지와 원숭이들의 생활을 관찰한 결과, 이들 영장류가 초록이 우거진 숲에서 익은 과일을 찾는 데는 파랑과 노랑만 구분하면 됐지만, 영양 많고 소화가 잘 되는 어린 잎을 찾으려면 빨강과 초록도 구별할 수 있어야 한다는 사실을 발견했습니다. 아프리카 식물의 절반가량 어린 잎이 붉은색을 띠기 때문입니다. 따라서 단백질이 풍부하고 먹기에 부드러운 어린 잎을 쉽게 구별하려면, 빨강과 초록을 세심히 구별할 수 있어야 합니다. 인류는 그런

능력을 획득했기에 생존 능력이 강화됐고 오늘날 지구를 지배하게 된 것입니다.

이에 비해 대부분의 동물들은 흑백만 구별하는 색각을 갖고 있습니다. 조금 발달된 동물이라도 파랑·노랑을 구별하는 2색형 색각을 갖고 있을 뿐이지만, 인류를 비롯해 아주 적은 수의 영장류와 새들만이 노랑·빨강·초록빛에도 민감한 3색형 색각을 갖고 있는 것입니다. 그 중에서도 인간의 색각이 가장 뛰어남은 말할 것도 없습니다.

한편 색깔을 볼 수 있는 원리는 무엇일까요?

빛은 적외선·가시광선·자외선으로 구분되는데, 이 중에서 사람의 눈으로 볼 수 있는 가시광선은 대략 400~700㎚(나노미터) 사이의 파장을 갖고 있습니다.

가시광선을 프리즘으로 분해하면 빨강·주황·노랑·초록·파랑·남색·보라의 일곱 가지 색으로 나누어지며, 빨강 바깥쪽을 적외선, 보라 바깥쪽을 자외선이라고 합니다.

우리가 느끼는 색깔은 빛이 어떤 물체에 부딪쳤을 때 물체에 흡수되지 않고 반사된 것입니다. 빨간 사과는 빨간색만이 반사된 것이고, 노란 바나나는 노란색만 반사된 것입니다. 물체가 빛의 모든 성분을 흡수하면 검은색으로 보이고, 반대로 전부 반사하면 흰색으로 보입니다.

색다른 94일째

꽃 색깔이 다양한 이유

"당신을 사랑합니다. 저와 결혼해 주세요."

남녀가 연애를 하다가 서로 결혼하고 싶은 마음이 들었을 때 흔히 남자는 여자에게 꽃다발을 선물하면서 청혼합니다. 여자가 꽃을 좋아하기 때문입니다.

여자는 왜 꽃을 좋아할까요? 그 이유는 꽃이 아름답기 때문이기도 하지만 여자가 남자보다 향기에 민감한 데 있습니다. 따라서 대부분의 여자들은 향기 없는 꽃에 별다른 매력을 느끼지 못하고, 향기가 있는 꽃에 관심을 보입니다.

여자들이 남자보다 향수 뿌리기를 좋아하는 이유도 여기에 있습니다.

그런데 꽃은 왜 그렇게 다양한 색깔을 가지고 있을까요? 꽃의 색깔은 색소에 의해 결정되는데 색소에는 대략 3가지가 있습니다. 줄기와 잎사귀를 초록으로 보이게 하는 '엽록소', 빨강·파랑을 내는 '안토시아닌', 노랑·주황을 보이는 '카로티노이드'가 그것입니다.

이 3가지가 섞이는 비율에 따라 꽃 색깔은 달라집니다. 이를테면 개나리는 카로티노이드가 많기 때문에 노란 꽃을 내고, 붉은 꽃은 안토시아닌이 많기 때문에 붉게 보입니다.

이에 비해 흰색 꽃은 색소가 부족해서 생기는데, 색소가 부족한 꽃의 세포 틈 사이에 채워진 공기가 빛을 모두 반사하므로 하얗게 보이는 것입니다. 반면에 검은색을 띠려면 꽃의 색소가 모든 파장을 흡수해야 하는데, 그런 색소는 없는 까닭에 검정 꽃은 볼 수 없습니다. 게다가 식물은 벌이나 나비의 눈에 잘 띄기 위해 꽃을 피우므로, 눈에 잘 보이지 않는 검정을 가질 이유가 없겠지요.

한편, 꽃 색깔은 크게 노랑·하양·파랑·빨강으로 나눌 수 있는데, 우리 나라 식물을 조사한 자료에 따르면 꽃 색깔 중에서 노랑과 하양이 가장 많다고 합니다.

색다른 95·96일째

무지개에는 왜 검정이 없을까

"무지개 너머에는 어떤 세계가 있을까?"

"아마 천국이 있지 않을까?"

비가 그친 뒤 저 멀리 나타난 무지개를 보면 어쩐지 기분이 묘해집니다. 무지개를 밟고 올라가면 하늘에 오를 수 있을 것 같기도 하고, 무지개 안으로 들어가면 다른 세상을 볼 수 있을 것 같기도 하니까요.

그래서 그럴까요. 무지개에 얽힌 전설은 수없이 많으며, 무지개가 서 있는 곳을 파면 금은보화가 나온다는 전설이 있는 나라도 많습니다. 아일랜드에서는 금시계가, 그리스에서는 금열쇠가, 노르웨이에서는 금병과 금스푼이 무지개가 선 곳에 숨겨져 있다는 말이 전해지고 있습니다. 우리 나라에서는 선녀들이 깊은 산 속 물 맑은 계곡에 목욕하러 무지개를 타고 지상으로 내려온다는 전설이 있습니다.

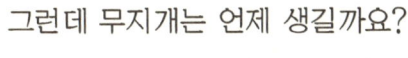

그런데 무지개는 언제 생길까요?

일반적으로 무지개는 공중에 떠 있는 물방울이 햇빛을 받아 나타나는 반원형 일곱 빛깔 줄을 말합니다. 우리가 보는 건 반원이지만 실제는 동그라미 형태이며, 흔히 비가 멎은 뒤 태양 반대 방향에 물기가 있을 경우 그 물방울 안에서 빛이 반사·굴절되어 나타나는 현상입니다. 간단히 말해 비온 뒤에 해가 뜨면서 살짝 날씨가 갤 때 무지개를 보기 쉽습니다.

무지개 색깔이 반드시 일곱 빛깔로만 보이는 건 아니며, 때에 따라 그 색깔이 다릅니다. 해돋이 전이나 해돋이 때에 뜨는 무지개는 대부분 붉은색으로 보입니다. 그것은 노을의 영향을 받기 때문입니다. 또한 흰 무지개는 아주 미세한 알갱이의 수증기가 퍼져 있는 대낮에 보입니다.

그렇다면 무지개에는 왜 검정이 없을까요?

무지개 색깔은 빛의 굴절률에 따른 것으로, 빨간색이 42도, 보라색이 40도의 굴절률로 생성됩니다.

다시 말해 빛의 각도가 가장 많이 꺾일 경우 빨강, 가장 적게 꺾일 경우 보라가 나옵니다. 빨강에서 시작해 보라까지 보이는 이유가 여기 있습니다.

흥미로운 것은 우리 나라에서는 일곱 빛깔 무지개라고 하지만, 어떤 나라에서는 세 가지 또는 여섯 가지, 심지어 열 가지로 보기도 합니다. 러시아 동쪽의 항구도시 블라디보스토크의 어느 건물에는 세 가지 색깔의 무지개가 그려져 있기도 합니다.

이런 차이는 그 곳에 나타나는 무지개가 그런 것이 아니라 보는 사람이 그렇게 느낀 데서 비롯된 일입니다. 예를 들어 파랑과 보라를 섞으면 남색이 나오고, 빨강과 노랑을 섞으면 주황이 나옵니다. 이 때 남색과 주황을 다른 색으로 생각하느냐 아니면 구별하지 않느냐에 따라 무지개에서 느끼는 색의 수가 달라지는 것입니다.

한편 무지개에는 왜 하양과 검정이 없을까요?

결론부터 말하면 하양은 있고 검정은 없습니다. 원래 지구로 들어오는 빛은 흰색이며, 이 흰빛이 꺾이면서 빨강·주황·노랑·초록·파랑·남색·보라로 나뉘는 것입니다. 반대로 말해 무지개에 있는 일곱 색깔을 모두 섞으면 하양이 나옵니다. 하지만 검정은 모두를 섞거나 일부를 섞어도 만들어지지 않습니다. 그래서 검정은 무지개에서 볼 수 없습니다.

마지막으로 쌍무지개에 대해서 알아볼까요?

무지개가 두 개씩 쌍으로 생성되어 있는 무지개를 '쌍무지개' 혹은 '형제무지개'라고 하는데, 형 무지개의 빛깔은 바깥쪽이 붉고 안쪽이 보랏빛이며, 동생 무지개는 안쪽이 붉고 바깥쪽이 보랏빛입니다. 색의 배열이 두 번째 무지개에서는 보라·남색·파랑·초록·노랑·주황·빨강으로 나타나는 이유는 햇빛이 물방울 안에서 두 번 반사되는 데 있습니다.

색다른 97일째

일출과 노을이 사람의 감정을 좌우하는 까닭

알프스 소녀 하이디가 할아버지에게 물었습니다.

"할아버지, 저녁 노을은 왜 저렇게 아름다운가요?"

그에 대해 할아버지는 이렇게 대답했습니다.

"인간이나 자연이나 마지막 인사말이 가장 아름다운 법이란다. 저녁 노을은 태양이 산들을 향해 잘 있으라는 인사의 표시지. 그래서 저렇게 아름답단다."

노을이 하루가 저물 무렵 나타나는 걸 감안한 멋진 설명입니다. 노을은 왜 생길까요?

노을이란 해가 뜰 무렵이나 질 무렵에, 공중의 수증기나 먼지 등에 햇빛이 비치어 붉게 보이는 기운을 말합니다. 해가 서쪽으로 기울면 태양빛은 대기권을 비스듬히 통과하여 낮보다 두터운 대기층을 뚫고 내

려오게 됩니다. 이 과정에서 파란빛은 사람 눈에 보이기 이전에 모두 흩어져 버리고, 잘 흩어지지 않는 빨간빛만 남게 됩니다. 이 같은 현상 때문에 노을이 붉게 보이는 것입니다.

그런데 노을과 새벽 일출은 분명 태양이 지평선(혹은 수평선)과 맞닿아 있다는 점에서 똑같지만, 사람이 느끼는 감정은 확연히 다릅니다. 새벽에 해뜰 때의 하늘은 파랑을 중심으로 하여 선명한 노랑이 강한 빛을 내뿜고 있는 반면, 저녁에 해질 때의 하늘은 주황을 중심으로 하여 어두운 노란색과 탁한 붉은색이 점차로 조금씩 효과를 드러내고 있습니다. 묘하게도 사람은 그런 색을 통해 활기를 얻거나 생기를 잃습니다. 동트는 새벽의 파랑에 활기를 얻으며 일터로 나가는가 하면, 검붉은 저녁 노을을 바라보며 쓸쓸함을 느끼는 것입니다. 그렇게 생각하면 일출을 보며 사는 한반도 동쪽 사람들이 활기 넘친 기질을 지닌 데 비해, 노을을 보며 사는 한반도 서쪽 사람들이 차분하면서도 한 많은 정서를 지니고 있음을 어느 정도 이해할 수 있습니다.

색다른 98일째

소리를 색으로 들을 수 있는 특별한 사람

'소리를 색깔로 들을 수 있다!' 과연 가능할까요? 또 그런 사람이 실제 있을까요?

이런 의문은 소리는 주파수, 색채는 파장을 갖고 있다는 데 착안하여 생겼습니다. 음악을 좋아하는 사람이라면 노래를 들을 때 그 파동이 오디오 화면에 막대그래프로 나타나는 것을 본 적이 있을 것입니다. 바로 그 원리처럼 소리를 들으면서 색을 느낄 수 있을까요?

몇몇 과학자들이 그에 대해 연구한 결과, 색깔을 들을 수 있는 사람들이 의외로 많다는 사실이 밝혀졌습니다. 2002년 봄 독일의 라이프치히 대학 연구팀이 발표한 바에 따르면, 2천 명 중 한 명 비율로 공감각 능력을 보유하고 있다고 합니다.

'공감각'이란 어느 한 감각기관이 자극을 받았을 때 또다른 감각기관이 흥분되는 일을 말합니다. 쉽게 말해 두 가지 감각이 동시에 느껴지는 것이지요. 라이프치히 대학 연구팀은 색을 보면서 동시에 소리를 느끼는 사람이 예상 외로 많고, 또 이들의 대부분이 여성이라고 주장했습니다. 뿐만 아니라 공감각은 유전되는 경향이 강하지만 지식·교육·성격·개성 등과는 관계 없다고 말했습니다. 또다른 연구에 의하면, 공감각은 대뇌 구조가 특별히 발달한 사람에게서 나타나는 생리현상이라고 합니다. 보통 사람은 소리 자극을 받으면 청각을 느끼는 뇌에만 자극이 전달되는 반면, 공감각 능력자는 시각을 담당하는 부위에도 자극이 전달된다고 합니다.

17세기 영국 사상가 존 로크는 '주홍색을 트럼펫 소리가 나는 색깔로 표현'하던 맹인에 대해 기록하기도 했습니다.

2001년 미국 항공 우주국(NASA)이 항공기 소음을 컴퓨터를 통해 색깔 이미지로 볼 수 있는 기술을 개발하기도 했으므로, 이제 일반인도 소리를 색으로 느낄 날이 멀지 않은 것 같습니다.

색다른 99일째

나이에 따라 좋아하는 색이 다를까

"**생신** 선물로 옷 사 왔어요. 마음에 드세요?"
자식으로부터 선물을 받고 포장을 푼 순간 대부분의 사람들은 실망합니다. 자식이 정성껏 골랐으나 옷에 대한 취향이 저마다 다른 데다, 나이에 따라 좋아 보이는 색이 다르기 때문입니다. 많은 사람들은 어린이는 밝은 원색, 노인은 어두운 계통의 색을 좋아한다고 믿고 있습니다. 과연 그럴까요?

사람이 태어난 뒤 처음 반응하는 색은 **노랑**입니다. 다시 말해 최초로 눈을 뜨고 빛을 느낄 때 여러 색 중에서 **노랑**에 특히 민감한 반응을 나타냅니다.

그러나 유아기를 거쳐 어린이로 성장하면서 **노란색**에 대한 열광이 사라지고, 커 갈수록 **빨강**과 **파랑**을 좋아하게 됩니다.

성인이 되면 색에 대한 선호도가 또 한 번 바뀌어 선명한 파랑에 눈길을 보내게 되는 것이며, 여러 색채학자들이 조사한 결과를 보아도 성인은 언제나 파랑에 대해 좋은 감정을 갖고 있습니다. 그러다가 차분한 색을 좋아하는 중년기를 거쳐 노인이 되면 검정·진청·회색 등 무겁게 가라앉은 느낌의 색에 관심을 갖게 됩니다. 이는 황혼기에 접어든 인생의 시기와 밀접한 관련이 있습니다. 그런 까닭에 의류회사들은 노인용 옷일 경우 대개 그러한 색깔로 만들기 일쑤입니다.

하지만 유아·어린이·청년·중년의 경우에는 대체로 색채 변화가 공통적이지만, 노인의 경우에는 실제 정서와 다소 차이가 있습니다.

60세 이상 노인을 대상으로 한 조사에 따르면 현대 노인들은 빨강·주황·파랑·초록 등 밝은 색을 좋아하는 것으로 나타났습니다. 수명이 늘어나고 활동력이 강해지면서 가라앉은 느낌의 색보다 적극적인 느낌의 색을 좋아하게 된 것입니다. 나이는 육체가 아니라 마음에 달린 것입니다.

색다른 100·101일째
학습 및 업무 능력을 올려 주는 실내 색깔

'인간은 환경에 의존하지 인간에 의존하지 않는다.'
– 헤로도토스
'환경이 인간을 만드는 것이 아니라 인간이 환경을 만드는 것이다.' – 디즈레일리

환경의 중요성을 일깨워 주는 말들입니다. '환경'은 생물이나 인간을 둘러싸고 영향을 주는 여러 상황을 일컫는 말입니다. 인위적 구조물이 없는 상태에서 자연 속에 동화되어 살았던 인류 초기에는, 환경이란 기후 아니면 음식물이 대부분이었습니다.

하지만 상공업이 발전하고 여러 건축물이 세워지면서, 가족 단위로 일

정한 주거 공간을 갖고 사는 문명사회에서는 환경 대상이 자연에서 건축물로 바뀌었습니다.

잠을 자는 공간이든 일을 하는 공간이든 천장과 벽으로 둘러싸인 환경이 인간을 둘러싼 것입니다.

이런 환경에서는 사물의 형체보다는 색채가 더 큰 작용을 일으킵니다. 작은 공간이라도 어떤 색인가에 따라서 넓게 보이거나 좁게 보일 수 있습니다. 색채가 팽창 혹은 수축 효과를 내는 까닭입니다.

색깔로 실내 공간에 변화를 주거나 환경을 긍정적으로 바꿀 수 있는 것도 여기에 바탕을 두고 있습니다.

그렇다면 어떤 색채가 인간에게 이로울까요?

이에 대해 실생활에서 활용할 수 있는 몇 가지 사례를 대표적으로 간단하게 살펴보겠습니다.

공부방이라면 흰색은 피하는 게 좋습니다. 흰색은 경쾌한 느낌을 주기는 하지만 능률을 떨어뜨리는 까닭입니다. 그러므로 오랜 시간 머무르며 집중해야 하는 공부방에는 단조로운 흰색을 피하는 게 좋습니다.

일본의 어느 색채학자의 연구에 따르면, 공부방의 70% 정도를 베이지색으로 했을 때 마음이 차분한 가운데 집중력을 발휘할 수 있다고 합니다. 베이지색 같은 부드러운 중간색이 근육을 이완시켜 주고 정신적으로 편안하게 해 주기 때문입니다.

이 경우 문은 흰색으로 하는 게 기분전환에 도움이 됩니다.

그런 점에서 전통 한옥의 흰 창호지는 공기 순환 작용을 떠나 기분전환에 그만입니다.

그러나 서재라면 베이지색보다 좀더 짙은 색을 배경색으로 하는 게 좋습니다. 시선을 책에서 다른 곳으로 옮길 때 주의가 흩어지지 않도록 하기 위해서는 다소 짙은 색이 필요하기 때문입니다.

공부방이든 서재이든 책상 위에는 붉은색 장식을 놓는 게 좋습니다. 선명한 빨강이 두뇌에 자극을 주기 때문입니다.

다만, 머리가 복잡할 때는 주변 물건이나 책상 위 소품을 노란색으로 바꾸면 두뇌회전 및 기분전환에 도움이 됩니다.

부엌이라면 초록이나 청록과 같은 서늘한 색을 쓰는 게 좋습니다. 왜냐하면 그런 색들은 시간이 빨리 가는 것처럼 느끼게 해 주므로 힘든 일을 느낌으로나마 덜어 주기 때문입니다.

또한 거실 같은 휴식 공간에도 '눈을 쉬게 하는' 초록이 좋습니다.

끝으로 햇볕이 잘 들어오지 않는 지하실이나 작업실은 노란색이 적당합니다. 노란색은 밝은 느낌을 줄 뿐만 아니라 긴장감을 높여 주기 때문입니다.

이외에도 복도의 경우 차가운 색은 길어 보이게 하고 따뜻한 색은 짧아 보이게 합니다. 이처럼 색채를 활용하여 얻을 수 있는 느낌은 끝없이 많습니다. 이제 색의 기본적인 원칙을 이해하였다면, 어떤 공간에서도 응용력을 발휘할 수 있을 것입니다. 이리저리 변화를 주어 가며 자신만의 색채 공간을 꾸며 보세요. 앞으로 여러분 중에서 색채 디자이너가 나올지 누가 알겠습니까.